汉字专字问题初探

张为 著

海峡出版发行集团
海峡文艺出版社

图书在版编目(CIP)数据

汉字专字问题初探/张为著. —福州:海峡文艺出版社,2019.7(2024.3 重印)
ISBN 978-7-5550-1948-0

Ⅰ.①汉… Ⅱ.①张… Ⅲ.①汉字－研究 Ⅳ.①H12

中国版本图书馆 CIP 数据核字(2019)第 122184 号

汉字专字问题初探

张 为 著	
出 版 人	林 滨
责任编辑	朱墨山
编辑助理	杨 鑫
出版发行	海峡文艺出版社
经 销	福建新华发行(集团)有限责任公司
社 址	福州市东水路 76 号 14 层
发 行 部	0591－87536797
印 刷	三河市兴博印务有限公司
厂 址	河北省廊坊市三河市杨庄镇大窝头村西
开 本	889 毫米×1194 毫米 1/32
字 数	174 千字
印 张	8.75
版 次	2019 年 7 月第 1 版
印 次	2024 年 3 月第 2 次印刷
书 号	ISBN 978-7-5550-1948-0
定 价	49.00 元

如发现印装质量问题,请寄承印厂调换

中文文摘

　　所谓专字，是指专为表示某一专义而造的字。与一般汉字相比，专字所表示的意义往往具有较强的专指性，或专门用于指称某一特定的事物，或专门用于体现某种特殊的"言外之意"；专字的造字手段也更加多样，其字形与所要表示的意义严格对应。

　　以往学界有关专字问题的讨论，主要还是针对个别专字的零星探讨，将专字问题作为一个专题进行研究讨论的论著还相对较少。但学界前辈在各自的论著中所做关于具体专字的大量阐释分析已经给专字问题的研究奠定了较好的基础。此外，也已经有一些学者开始着手从理论的层面讨论专字的成因、功能等问题。本书正是在这些前辈学者研究成果的基础上，将汉字专字问题作为一个专题来进行讨论的。

　　在本书的绪论部分，我们对以往学界关于专字问题的研究成果进行了尽可能全面的梳理和评述，并介绍了本书所讨论专字的收集整理方法以及所用到的各种文字材料。

　　在本书的第一章中，我们给出了本书关于专字的定义，并确定了专字的标准名称。以往由于研究角度的不同，学界各家对于专字的定义往往不尽相同，也曾经赋予专字以各种各样不同的名称。我们认为，要将专字问题作为一个专题来进行研究，确定研究对象的名称和定义是首要的任务。在确定了专字的名称和定义之后，我们还在这个章节中将专字与容易与之相混的其他文字学概念进行了辨析，讨论专字与分化字、异体字、类化字以及俗字的区别。

在第二章中，我们对专字所具有的功能进行了专门的讨论。从字用的角度看，探索一个专字究竟在文字系统中发挥了什么样的功能，甚至比讨论它所表示的具体专义更加重要。我们认为，专字所具备的字用功能既体现在语符层面，也体现在超语符层面。在语符层面，专字的出现在一定程度上弥补了文字系统表义功能的一些不足；而在超语符层面，专字的存在使得文字系统的表义能力得到了极大的延展和拓宽。我们同时还发现，随着文字的发展演变，不同时期的专字所具有的字用功能也在不断地发展变化：在文字系统尚未完全成熟的古文字时期，专字更多地承担着语符层面的功能，弥补同时期文字系统表义功能上的缺陷；在文字系统逐渐发展成熟的今文字时期，专字则更多地表现出超语符层面的功能，极大地拓宽了文字系统表义功能的外延。

本书的第三章和第四章对汉字发展史上几个重要时期的典型专字进行了介绍。在古文字时期的专字介绍中，我们分别对甲骨文时期、金文时期以及战国文字中的一些典型专字进行了分析讨论；在今文字时期的专字讨论中，我们重点对汉魏六朝碑刻以及敦煌文献中的典型专字进行了介绍，还利用一定的篇幅对当今社会流行的专字进行了专门讨论。受时间和精力的限制，我们不可能对所有时期的汉字专字进行穷尽式的收集和分析，但我们在这两个章节中所列举的各个时期专字已经可以大致呈现出汉字专字的整体面貌。

在接下来的章节中，我们对不同时期专字所体现出来的不同特点进行了分析。我们发现，虽然同样是专为某一专义而造的字，但古文字时期专字、隶楷文字时期专字以及当今社会流行专字的整体特点有很大的不同，这种差异与文字系统的发展演变有关，也与特定历史时期的社会文化背景密切相关。

在本书的第五章中，我们重点讨论汉字专字的造字手段。作为一种极为特殊的汉字，专字所表示的意义比较特殊，其造字手段更是迥然异于一般的汉字。想要概括汉字专字的形成方式，仅仅运用传统的六书理论是远远不够的。在这一章节中，我们将专字的造字手段概括为"增添形符或意符形成专字""改换形符或意符形成专字""增添体现特殊寓意的字符形成专字""通过合文的方式形成专字""改变原字符的字形形成专字""多字符组合会意形成专字"以及"造字手段特殊的专字"等七类。

在本书的最后一个章节中，我们尝试性地运用一些认知语言学、结构语言学以及符号学的理论对专字的成因和特殊作用进行了讨论。作为一种特殊的文字现象，有关专字的很多问题仅仅运用传统的文字学理论是难以给出令人满意的解释的。而我们发现，原型范畴理论、意图定点理论以及语义标记理论中的一些观点却能够为一些专字现象提供比较好的解释。当然，由于笔者理论水平的限制，有关专字问题的这种理论解释目前还是尝试性的，远未达到尽善尽美的地步。

本书的正文之后有一个简单的附录，对本书所列举的各个时期的专字进行汇总，并附有每一个专字的具体字形、所在的文句以及出处的简要介绍。

目　录

绪　论

第一节　引　言

专字是汉字系统中一类非常特殊的汉字。在汉字发展的各个时期都有大量的专字存在。所谓专字，是指专为表示某一专义而造的字。一般的汉字所表示的意义往往不止一个。即便是只表示单个意义的单义字，其意义也往往具有一定的概括性，足以指称一类具有共同属性的事物。而专字则不同，专字之"专"既体现在与一般汉字的一字多义截然不同的专指性，专字所表示的意义也比一般汉字的字义更加具体、明确。

作为一种特殊的汉字，专字的产生和存在必有其特殊的原因和价值。从专字所表示的意义来看，一般是比较特殊或重要的意义才会使汉字的使用者放弃易写易懂的常用字符而为这些意义专门造字。在古文字时期，用于表示与祭祀、战争和田猎相关意义的专字特别多。隶楷时期的文字，也多是那些随具体文句而产生的比较特殊、重要的意义时，才会用专字来表示。有时候人们也会为了表示某些存在于语言之外的特殊寓意而专门造字。武周时期的新字当中就有很多是专门为了体现某种特殊的政治寓意而造的专字。一直到现在，在社会中流行的专字也大多是为了体现某种特殊的寓意或反映社会热点新闻、重大事件而造的。

从专字的功能上看，在古文字时期，文字系统还有很多不够成熟的地方，汉字表义职能的分工尚不明确，对于许多随具体语境而临时产生的意义，往往一时不知用什么字来表示为好。这时候专字的存在很好地弥补了尚不成熟的文字系统表义功能上的缺陷。例如，甲骨文时期，"牡""牝"只用于表示"公牛"和"母牛"，那时的人遇到其他种类的雄性或雌性动物，则缺少合适的字符可以表示。于是人们就为不同种类的雄性或雌性动物创造了大量的专字，如"羘"（公羊）"牝"（雌鸟）"麀"（雄鹿）等等。而到了今文字时期，文字系统已经相对成熟，人们也知道为语言中近乎无限的具体、临时意义无休止地创造专字绝不是一种科学可行的用字方法。但专字并未因此消失或失去其价值，人们通过创造构型特殊的专字来承担普通字符无法胜任的表义职能，如用于表示某些存乎语言之外的特殊寓意、反映社会中的热点新闻或重要事件等等。这种字用现象在现代流行的专字中体现得特别明显。例如，专字"䕽"由"禅""茶""味"三字组合而成，体现了"禅茶一味"的特殊哲学思想；专字"养"故意将"养"字的"丨"缩短了一些，用于反映中国社会"养老金双轨制"的社会问题。专字这种"超语符"的表义功能重新定义了文字系统初创时的职能，使汉字的表义功能变得空前强大。

因此我们可以这样来认识专字的价值：从专字所表示的意义看，专字的价值在于表示那些特殊的、重要的，一般汉字难以充分体现的意义；而从字用功能的角度看，专字既弥补了文字系统表义功能的某些缺陷和漏洞，还赋予文字系统超出语符层面的强大表意能力。

专字的意义和功能与一般汉字不同，其构型方式也体现出与一般汉字截然不同的特点。如果说传统的六书说能够大致上概括汉字的构型理据的话，那专字的生成方式则远非传统的文字学理论能够概括。从各个时期的汉字专字来看，不同时期专字的造字手段均有其不同的特点，现代社会所流行专字的造字手段更是五花八门，创意无限。大量构型复杂、造义特殊的专字为汉字构形学的研究提出了全新的课题。

汉字专字的出现使得汉字系统的表义范围向更细和更广的两个维度拓展，极大地突破了汉字作为语符的表义职能。形成专字的方式方法也颠覆了我们对于汉字造字法的传统认识。如果我们对特定时期的汉字专字进行收集和整理的话，则会发现这些专字所反映的内容实际上是特定历史时期社会风貌、文化思想的一个缩影，因此具有重要的社会文化价值。而有关专字问题的研究，虽然一些学者在论著中偶有涉及，但以汉字专字为专题的论著还并不多见，以整个汉字发展史为纵轴对重要时期的典型专字进行收集、整理和综合论述的工作则暂时还是一片真空。我们希望通过这篇文章来填补这方面的空白，但受到学术水平和时间精力的限制，也只能就这个问题做初步的探索，希望能起到抛砖引玉的作用。

第二节　专字问题相关研究综述

一、汉字专字问题的研究成果

汉字中专字的大量存在是一个十分有趣的现象。传统的看法认为，专为某一意义而造的字可以称为"专字"。对于专字问题，学界很早就有所关注。古今学者对于专字问题也或多或少地进行过讨论。

陈伟武先生在《新出楚系竹简中的专用字综义》中指出，"五代南唐徐锴作《说文解字系传》，书中虽无'专字'之名，说解实有'专字'之意。"例如，徐锴在"郎"字的按语中指出："此字本因邑名而立，故从邑，他放（仿）此。"① 其实这就是对地名专字的一种讨论。清代王筠大概是最早使用"专字"概念的学者，如他在解说"娭"字时就曾经提到"盖毁誉之专字"等等。近代学者林义光

---

① 　陈伟武.愈愚斋磨牙集[M].上海:中西书局,2014:222–234.

在他的著作《文源》中也时有提到"专字"这一概念，如其中"伊"字条按语中提到的"一人之名无专制字之理"等等。①

现当代学者，在论著中谈及与专字相关问题的并不在少数。大部分学者对于专字的讨论都是围绕某一个特定专字展开的。这类讨论多是从汉字阐释学的角度出发，而非就专字问题进行专门的讨论。因此此类研究虽然不乏真知灼见，但大都散落在各家的论著当中，学者想要进行比较完整的整理，难度较大。当然这其中也有几位先生曾专门撰文进行过专字问题的专项讨论。

陈伟武先生就曾多次撰文专门讨论简帛文字当中的专字问题，对楚简专字的概念、类型、特点进行了详细的论述，并着重分析了楚简文字当中一部分具有典型性特点的专字。这些成果一部分收于陈伟武先生的专著《简帛兵学文献探论》的一个章节《专用字及其特点》中②，另一部分则成为一篇专门的论文《新出楚系竹简中的专用字综议》，收于陈先生的另一部专著《愈愚斋磨牙集》当中。③

陈斯鹏先生的论著《楚系简帛中字形与音义关系研究》中也有章节专门讨论楚系简帛中的"专造字"问题。他在文中以"专造字"为名详细讨论了专字的定义、名称等问

①　林义光.文源[M].上海:中西书局, 2012.

②　陈伟武.简帛兵学文献探论[M].广州:中山大学出版社,1999:147.

③　陈伟武.愈愚斋磨牙集[M].上海:中西书局, 2014:222–234.

题，并对楚系简帛文字中部分较具典型性的专字进行了集中论述。[①]

刘钊先生《古文字构形学》中专门开辟章节《专字与随文改字》讨论了甲骨文中的一部分专字现象，并提出了"随文改字"的概念。[②]金国泰先生亦有《论专字的本质及成因》《论专字的源、流及整理》两篇论文专门讨论古今汉字中专字的成因和源流演变问题。[③]刘兴林先生的文章探讨了汉字原始时期"异体专用"的甲骨文"原始性"问题，将一部分专字的成因归结为早期汉字的原始性表现。[④]林志强先生《漫议"专字"研究》一文对专字问题现阶段的研究成果进行了总结，指出从专字问题的研究中可以看到文字的整合和分化过程，可以推知古人思维发展变化的情况，并提出专字问题的研究可以从符号学的视角来审视和研究。[⑤]这些建议对于专字问题研究的发展具有极大的启发性。

安徽大学夏大兆博士的学位论文《甲骨文字用研究》有专门的章节讨论甲骨文"专字专用与随文改字"的问题。他

① 陈斯鹏.楚系简帛中字形与音义关系研究[M].北京:中国社会科学出版社,2011:299.

② 刘钊.古文字构形学[M].福州:福建人民出版社,2006年,64.

③ 金国泰.论专字的本质及成因[J],论专字的源,流及整理.北华大学学报(社会科学版). 2003(1).

④ 刘兴林.甲骨文田猎、畜牧及与动物相关字的异体专用[J].华夏考古.1996(4).

⑤ 林志强.漫议"专字"研究[C].中国古文字研究会,吉林大学中国古文字研究中心.古文字研究第31辑.北京:中华书局,2016.

认为，甲骨文的字用过程中存在"异体分工"的现象，这种"异体分工"的字用现象存在以下一些特点：1. 不彻底性，一些字一方面有很明显的异体分工趋势，但另一方面又存在着例外情形；2. 类组性，有些异体分工现象只限于某个类组或某几个类组卜辞中，而在其他类组中可能不存在这种区别；3. 从历时层面来看，甲骨文中的"异体分工"现象后来真正分化出不同的两个或几个字的例子较少。[①]

以上诸位先生的研究成果，为专字问题的研究奠定了坚实的基础，具有重大的理论价值。我的硕士毕业论文《楚简专字整理和研究》在上述诸位先生的研究基础上对楚简专字进行了初步的整理，并就部分专字问题，如专字的成因、类型、源流等等进行了尝试性的探讨。[②]论文能够顺利完成并收获到一点理论成果，得益于诸先生论著的引导和启发。

综合来看，目前学界关于专字问题的讨论主要集中在以下几个方面：1. 对汉字系统中专字现象的发掘和阐释；2. 关于"专字"概念的科学称法以及具体定义的讨论；3. 关于专字起源、成因及其流变的探索；4. 专字类型的划分以及不同类型专字特征的概括。

1. 汉字专字现象的发掘和阐释

专字理论的探索是建立在大量汉字专字现象的挖掘和

---

①　夏大兆.甲骨文字用研究[D].合肥:安徽大学文学院,2014:104

②　张为.楚简专字整理和研究[D].福州:福建师范大学文学院,2014

阐释基础之上的。前辈先贤所做的大量关于零星专字的挖掘和阐释，为后人研究专字、形成关于专字的理论提供了大量的字例。这种着眼于个别专字的探索从古至今一直没有间断。从我们前文提到的五代南唐徐锴到清代的王筠、近代的林义光，一直到现当代的一些著名学者，都做过这方面的研究。当然，此类针对个别专字所做的研究大都零星散落在这些学者浩如烟海的论著当中，犹如沧海遗珠，难以做穷尽式的整理。我们仅能就其中较具有典型性的一些论述进行举例介绍。

裘锡圭先生在他的论著当中多有关于专字的探索，如他在《战国文字中的"市"》一文中曾经就"贝市"字的专字性质做过如下讨论："这个字应该是'市'的繁文。战国文字里的'府'字往往加'贝'作'賮（金522）'，'市'加'贝'与此同例。也有可能加'贝'是为了表示这个字是市买之'市'（即动词'市'）的专字。①又如裘先生在《〈上博（二）·鲁邦大旱〉释文》（手稿本）中讨论楚简的"悫"时说："悫当是表示'图'的谋划义的专造字。"裘锡圭、李家浩合撰的《曾侯乙墓竹简释文与考释》一文将曾侯乙墓竹简文字"屡"隶定为"卥马"，并释为表示"马匹"的专字，也属于有关专字的零星讨论。②

---

①　裘锡圭.裘锡圭自选集[M].开封:河南教育出版社,1994:115.

②　裘锡圭,李家浩.曾侯乙墓竹简释文与考释[M].北京:文物出版社,1989:487.

在裘先生的其他文章，如《谈谈上博简和郭店简中的错别字》等文章中，虽然并未明确提及"专字"概念，但所讨论之字形也多涉及专字的内容。①这些对于专字问题的研究很有启发。

滕壬生先生的《楚系简帛文字编》对于专字的现象也多有关注。在他收集的字例当中，凡遇到专名、专字或学界有学者认为属于专字者，他均在字形以下标注清楚，并附上简要说明。如"梁"字字形下标明"行字异文，路神之专字""桌"字字形下标明"读为'厩'，为厩神专字"等等。②这样的工作使得表示某一概念的一般通用字形和为具体专义而新造的专字字形得以一道陈列在研究者面前，为我们比对专字与一般通用字字形结构上的异同、分析专字的造字意图和造字方法提供了极大的便利。

陈伟武先生在专字问题的研究上用功颇深，著有多篇讨论专字问题的文章。其中涉及多种不同类型专字的专门讨论。他在《新出楚系竹简中的专用字综议》一文中，将专字划分成不同的类型，并详加论述。比如，他在"表示名物的专用字"中详细讨论了上博简《缁衣》的"㔬"字、《包山楚简》的"䊪"字、上博简《孔子诗论》中的"茈"字等等几十个表示名物的专字；在"表示行为动作的专用字"中着

---

① 裘锡圭.中国出土古文献十讲[M].上海:复旦大学出版社,2004:308–316.

② 滕壬生.楚系简帛文字编[M].武汉:湖北教育出版社,1995.

重探讨了《缁衣》中的"䠤"字、"賊"字、《包山楚简》以及《九店楚简》中的"敺"字、"敚"字等一系列表示动作的专字；这篇论文还以郭店简和上博简中大量的"从心"专字为例讨论了"表示性状的专用字"，如"忿""憙"等等。①

陈斯鹏先生在《楚系简帛中字形与音义关系研究》一书中也有专门章节讨论楚简专字的问题，其中对一系列比较典型的专字进行了集中论述，如强调"内心之勇"的"愳"、表示"执意、坚决"之义的"悤"等等。② 陈先生的这篇文章从"某词本已有较为通用的记录字形，但为了表达或强调它的某种或某些固定义项或语境义，专门造出新的字形"这一定义出发，对以上述从"心"专字为代表的一系列典型专字进行了极为详尽的解说，对这些专字的字形结构、造字意图做了极为精辟的分析。

此外，学界还有很多先生在各自的论著中或多或少地涉及个别专字的讨论。如董琨先生《郭店楚简〈老子〉异文的语法学考察》一文，虽然主要着眼于郭店简《老子》篇的语法现象研究，但文中亦有关于个别专字的讨论，如论及郭店简《老子》甲中的"貳"字时，董琨先生指出"诸传本用'亡'，而简本用'貳'……此'亡'字从贝，本义指财

---

① 陈伟武.愈愚斋磨牙集[M].上海:中西书局,2014:222–234.

② 陈斯鹏.楚系简帛中字形与音义关系研究[M].北京:中国社会科学出版社,2011:299.

物亡失，可能是一个带有地方特色的专用字"。[1] 杨逢彬先生《从羘、牭等字看甲骨文的抽象化进程》一文详细讨论了"羘""牭""牡""牝""豝""豠""麜""麚""牳""馿"等专用于表示不同性别的羊、牛、豕、鹿或马的专字。[2]孙稚雏先生《中山王𰻞鼎、壶的年代史实及其意义》一文着重讨论了中山王鼎铭中的"邦迁身死"的"迁"字以及壶铭中"维义可緜"的"緜"字，[3] 虽然不是针对专字的专门论述，实际上也是涉及了专字问题的讨论。林志强先生《字说三则》一文讨论了郭店简《老子》甲简36中的"賫""賈""费""賏"等字，认为这些字皆从"贝"作，具有专用字的性质。其所从之"贝"应该需要特别关注。[4]

　　我在硕士毕业论文《楚简专字整理和研究》中按照专字所表示的专义将专字进行了分类，在每一个分类下均涉及了一些专字的专门讨论。如在"表示器物或建筑物名称"类专字下讨论了分别表示纺织材质帽子和皮革制帽子的专字"緇"和"鞉"、表示"玉料制成的门"的"闉"以及专门表示"水井"的"渿"等等；再如，在"动作类专字中"讨

　　① 董琨.郭店楚简《老子》异文的语法学考察[J].中国语文.2001(4).
　　② 杨逢彬.从羘,牭等字看甲骨文的抽象化进程[M]//杨逢彬.微实捣虚学步编.武汉:湖北人民出版社,2005:191.
　　③ 孙稚雏.中山王𰻞鼎,壶的年代史实及其意义[J]//中国古文字研究会,吉林大学中国古文字研究中心.古文字研究·第1辑.北京:中华书局,1979:273.
　　④ 林志强.字说三则[M]//林志强.字学缀言.北京:人民出版社,2015:292.

论了表示"休兵止战"义的专字"戬"、专表"归还财物"义的专字"賵"等等。此外，文中还讨论了部分地名专字，如表示"齐地"义的地名专字"鄑"、专门表示"殷地"的地名专字"𡂡"等等。①

正如前文说到的，关于个别专字的说解阐释是比较琐碎的工作，这些成果散落在众多学者的著作中，很难进行穷尽式的整理。但正是这些工作为专字理论的发展提供了素材、奠定了基础。从这个意义上说，这些工作的价值是不可估量的。我们这里仅能举例式地介绍其中的一小部分，以体现汉字研究者在专字的发掘和阐释中所做的工作。

2. "专字"概念的科学称法以及具体定义的讨论

如前文所述，"专字"这个概念古已有之。从古至今也有许多学者在使用这个概念，并讨论与之相关的问题。但如果对古今学者的研究有所了解的话，就会发现，众多学者虽然都使用专字之名，但他们所理解的专字在内容上或多或少有一些不同。这种差异必然会导致两种结果：一是各家对专字所下的定义各不相同，难以取得一致；二是各家在讨论专字问题时，往往不满足于专字这个古已有之的名称，而尝试着为之重新命名。

刘钊先生的《古文字构形学》着眼于甲骨文中具有特

---

① 张为.楚简专字整理和研究[D].福州:福建师范大学文学院. 2014.

指性的一部分专字，对"专字"的概念进行了比较系统的论述。他认为，专字是指用于某一专门概念的字。由于他所关注的这部分专字均属于甲骨文中残存的形体不固定的原始文字孑遗，因此他将这种文字现象称为"随文改字"。①

金国泰先生在他的论文《论专字的本质和成因》中对专字做出了这样的说明："专字，就是写词的某一专义的专用字。所说专义，有两方面的含义：一方面专同兼相对，专义指与一字（词）多义相对而言的单一义；另一方面，专又同泛相对，专义指与词的一般概括意义相对而言的具体义或偶发义。"金先生对专字的这个定义乃是从"专用"（写词的某一专义）出发，因此他将专字也称为"专用字"。这种称法在学界是比较普遍的。在这篇文章中，金国泰先生所列举的专字均是从一个基础字形分化而来的，专表某一词义下部分意义的字，如在"凉"的字形基础上分化出来的专表"凉"部分意义的"飅""輬"等等。②在金国泰先生的观点中，专字是与异体字、随词分化的区别字、类化字性质都不同的一种字。

陈伟武先生《新出楚系竹简中的专用字综义》对专字所下的定义是"专为某一意义而造的字"。他将其称为"专字"或"专用字"，并认为专字亦可称之为"分别文""分

①　刘钊.古文字构形学[M].福州:福建人民出版社,2006:64.
②　金国泰.论专字的本质及成因[J].北华大学学报(社会科学版).
2003(1).

化字"或"区别字"。从这个定义来看,陈先生所说的专字范围比较宽。他所定义的专字,不仅包括临时随文义需要而改益部件形成的字,具有类似形成机制、但后来可能不再做专字使用的字(如类化字、分化字等),也一并归入专字的范畴。①

陈斯鹏先生在《楚系简帛中字形与音义关系研究》一书中谈及专字问题时认为,专字的叫法较为笼统,而称之为"专用字"也不一定合适——有部分专字在使用上未必真正做到专用。因此陈斯鹏先生提出了"专造字"的称法("专造字"这个词最早是由裘锡圭先生提出的,但第一个对"专造字"进行定义解说并作为一个专业术语来使用的当属陈斯鹏先生)。他对"专造字"进行一番解说,即"某词本已有较为通用的记录字形,但为了表达或强调它的某种或某些固定义项或语境义,专门造出新的字形,这类字形就称为'专造字'"。②

林志强先生在《漫议"专字"研究》中谈到专字的称法问题时说:"从最初造字的情形推测,人们之所以要造字,就是要为语言中的某一意义生成一个符号,因此从造字的角度说,凡所造字,即为专用。因此把专字定义为'专为某一意义而造的字',是简洁而准确的。但这样一来,几乎所有

---

① 陈伟武.愈愚斋磨牙集[M].上海:中西书局,2014:222–234.

② 陈斯鹏.楚系简帛中字形与音义关系研究[M].北京:中国社会科学出版社,2011:299.

的汉字都具有'专字'的性质，显然又与'专字'研究的实际情形不相符合。从研究者的角度说，'专字'用的一般都是狭义的概念。狭义概念的'专字'，或从意义的角度指专用于表词的'专义'或'专门概念'，故又称'专用字'；或从造字的角度指专为某一意义而造，故又称'专造字'。我们觉得，文字之造与用是不可分离的'双边'，因此称为'专字'似乎可以包括造与用、形与义的内涵，故本文主张用'专字'这个概念，其名源自王筠，也算于古有徵。"①

我在我的硕士毕业论文《楚简专字整理和研究》中认为，所谓专字，就是用于某一"专门概念"的字。所谓"专门概念"，是与具有概括性意义的一般性概念相对而言的。它既可能偶然随文义而产生，也可能是从造字、造词之初就已经固定。如上文我们提到的"賷""貢""费""霽"等字就是在文段中随语境义临时产生的、具有专指意义的专字；而如"骐""琥""璜"等表示特定品类的马或玉石的字虽同样不具有概括性而体现强烈的专指性特征，却有可能是古已有之。②

3. 专字起源、成因及其流变的探讨

专字是汉字当中一种非常特殊而且有趣的现象，因此专

————————

①　林志强.漫议"专字"研究[M]//中国古文字研究会,吉林大学中国古文字研究中心.古文字研究·第31辑.北京:中华书局,2016.

②　张为.楚简专字整理和研究[D].福州:福建师范大学文学院.2014.

字的产生和流变问题也非常值得我们去一探究竟。对于那些古已有之的或从一产生就一直被作为专字使用的字而言，通常情况下，人们所造字的意义都具有一定的概括性，能够指称一系列具有共同特点的事物，至于为何要为某些具体的概念专门造字，是一个值得探讨的问题；而对于那些为了强调某个特定意义或因语境而"随文改字"的专字，其造字的动因更加值得深究。与专字产生的问题同样吸引人的则是专字的流变问题。这样一大批因特殊目的而造的字后来的命运如何，最终流向了何方，无法不吸引学界的学者去寻找答案。

金国泰先生撰写的《论专字的本质及成因》和《论专字的源流及整理》二文专门讨论了专字的成因及流向问题。他认为，专字的发生，并非偶然，实受多方面因素作用。其中既有社会方面的原因，也有语言文字方面的原因。从社会方面来看，社会对文字长期缺乏规范、书写具有很大的随意性以及简短记言的传统大大提高了专字的价值。从语言文字方面来看，单音节词长期占据书面语言词汇主体以及汉字体系自身独有的特点也是专字产生的一大原因。基于这些观点，他将专字产生的原因归结为三点：（1）书写者的随意性与随文标义；（2）书面语简略记言的补充表达手段；（3）说字者强生分别。

关于专字的流向问题，金国泰先生提出了专字流向的五种趋势：（1）由专字转为与正字共存的异体字，如"聝"和"馘"，原本是表示"军战中献耳"和"军战中献首"的专字，后来逐渐混用而不加区分，成为异体字；（2）由专字转为专写其词的分化字，如"氢""氧""氯"原为"轻""养""绿"的专字，后来经过"轻气""养气""绿气"向"氢""氧""氯"的转变，成了专门表示该词的分化字；（3）局限于专义专用字，如"噘"虽然依旧保留专字的性质，但仅能用于"噘嘴"一词，而不能用于如"撅胡子""撅屁股"等；再如"埚"仅用于"坩埚"一词，不能用于铁锅、砂锅等等；（4）由专义专用字转为泛用字，如"轻"原为"轻车"的专用字，现在泛用为"轻重"之轻等等；（5）沦为被归并淘汰字，如表示"美色"的"媄"、表示"喜好、嗜好"的"憙"等等，现在都已经淘汰不用。[①]

刘兴林先生也曾就专字的起源问题进行过专门探讨。他在《甲骨文田猎、畜牧及与动物相关字的异体专用》一文中探讨了甲骨文专字的成因问题。他认为，由于甲骨文还不是一种完全成熟的文字，先民们对事物的概括能力还不是很强，同一事物稍有不同，便另设新体，可以命名为异体专字，它与义近形符互用或义近形旁任作都同属异体字范围，但它形有所指，音读为一，其所专指的内容完全依赖读者对文字的视觉感知。[②]

---

　　①　金国泰.论专字的本质及成因[J].北华大学学报(社会科学版).2003(1).

　　②　刘兴林.甲骨文田猎,畜牧及与动物相关字的异体专用[J].华夏考古.1996(4).

　　陈伟武先生在《简帛兵学文献探论》中论及专用字及其特点时曾就专字的产生和流向发表过这样的看法：专用字变为通用字与通用字变为专用字，是促使汉字生生不息的矛盾运动之一。专用字被社会所普遍接受. 从局部地区的、个人的使用转化为范围广泛的流行使用，就成为通用字，而且作为通用字还有一个标志，那就是一字多义，一字多用。通用字变为专用字就是使字义单一化。① 这一段充满辩证思想的论述，实际上已道出了很大一部分专字起源、成因和流变问题的答案。

　　我的硕士毕业论文《楚简专字整理和研究》曾用过专门的章节"楚简专字的成因及流向"来探讨专字的成因、流向问题。在文中，我将楚简专字的成因归结为六个方面：

　　（1）随文改字的原始书写习惯

　　在汉字还不非常成熟的时期，人们往往特别强调视觉感受在阅读中的重要作用，对于文字在具体文句中产生的具体意义，他们认为就应该通过改造字形的方式来寻求意义与字形在视觉上的同一性。这也是他们寻求更好地表词达意的一种尝试。而这种尝试必然造成一部分专字的产生。楚简中"随文改字"产生的专字一般起源较早，多是甲骨文、金文时期字形的遗留，如表示"母马"的字作"駐"，表示"母鹿"的字作"麀"，而表示"雌鸟"的字形则作"雎"等等。

---

　　①　陈伟武.简帛兵学文献探论[M].广州:中山大学出版社,1999:147.

（2）出于说明文义的目的

当常用的字词不足以涵盖所有的意义时，用常规的表达方式清楚地说明问题则需要耗费大量的文墨和时间。在这种情况下，书写者往往会临时性地添改一些字的部件，利用所添改部件的说明、专指作用把想要表达的意思充分地表达出来。这就催生了另一类极具特点的专字。如前文提到的"貢""賷"等，均是出于说明文义的目的而产生的专字。

（3）单音节词的表意局限

因单音节词的表意局限而产生的专字数量很多，其中一大部分属于地名专字。由于古汉语单音节词占优势的语用习惯，古代的地名、山水名常常是以单字的形式出现。这就决定了人们要命名一个新的地方、一条新的河流、一座新的山脉时，不能简单地依靠选取一个现有的、常用的文字来完成。因为每一个字都有其原本的意义，有的字甚至兼表多个意义。出于这样的原因，古人在命名新的地方、山脉或河流的时候，常常选取一个与口语中这个地方或山水的名称读音相同或相近的字作为声旁，再利用该字的字音基础，添加上表示地名、山名或水名的部件，如表示地名的"阝"、表示山名的"山"、表示河流的"氵"等等，从而形成一个新的字，这样的字除了表示地名、山水名之外，并不能兼表他义，因此成为专字，如专门表示"齐地"的地名专字"鄑"、专门表示"殷地"的地名专字"螿"等等。

（4）合文的书写习惯

一部分合文专字，其前身是某个以合文形式书写的词

19

组。由于该词组长期以合文的形式书写，久而久之合文符号逐渐脱落，合文慢慢变成了一个字。而该字不但继承了原来合文多音节的读音，也继承了原来合文所表示词组的全部意义。因其以单字的形式表达了一个词组所表示的意义，自然就成了一个专字，如"四马"合为"驷"、"君子"合为"羣"等等。

（5）"正名"思想的指导作用

春秋战国时期，儒家"正名"的思想得到广泛传播和认可，文字系统也受到这种"正名"思潮的巨大影响。书写者对字形与字义之间的合理联系变得异常重视，如表示"嫁娶"之义的"娶"虽然本为"取"字，但因"嫁娶"与"取物"有别，就特意增添"女"旁以示区分；《诗经》"北风其凉"句之"凉"在《说文》中作"左京右风"之"飔"；《春秋》于"杀"之外另造"弑"字等等。

（6）人们对特定事物的特殊感情

人们出于对某一类事物的特殊喜爱或重视，在已经存在表示该类事物的通用字形的基础上又进一步为该类属下的一些具体成员专门造字。汉字中许多"从玉"或"从马"的专字就属于此类：人们用一些专门创造的字来分别表示玉器的不同形制，如"瑗""璜""琰"等字分别表示大孔的玉璧、半璧形的玉以及用作兵符的玉；用一些专门的字来表示不同花色、品类的马，如"駧"代表白额的马、"駮"代表毛色不纯的马等等。这种专门造字的行为体现了古人对马和玉的分外珍爱和重视。

这篇文章中我们还将专字的流向归结为四种：①字形、专义得以保留并作为语素存在，如表示玉石的"瑗""璜"，表示马的"骐""骝"等等；②字形得以保留，但意义出现泛化，如表示"两岁小马"的专字"驹"，现在被用来表示"小马"；表示"一孔生三毛"的"豕"的专字，现在成了表示一类具有"身体肥壮、四肢短小、鼻子口吻较长"特征的杂食哺乳动物的普通汉字等等；③成为异体字，如表示母马的专字"骊"、表示母鹿的专字"麀"、表示雌鸟的专字"鴜"等等。④专义不再被使用，字形被淘汰，如大量的地名专字。①

4. 专字类型的划分以及专字特征的概括

正如前文说过的，专字问题既有趣又复杂，如果我们要对整个汉字体系中的各类专字进行综合研究的话，对专字类型进行科学的划分势在必行。陈伟武先生《新出楚系简中的专用字综议》一文在专字类型的划分和专字特征的概括方面做了十分重要的工作。

在这篇文章中，陈伟武先生从专字所表示意义的角度将专字划分为三类：（1）表示名物的专字，如表示"公羊"的专字"羫"、表示"木制或金属制匕器"的"朼"和"鈚"

---

① 张为.楚简专字整理和研究[D].福州:福建师范大学文学院. 2014.

等等；（2）表示行为动作的专字，如表示"赞祝以悦神"的专字"祝"、表示"见物而疑惑"的专字"賊"等等；（3）表示性状的专字，最具代表性的是大量从"心"以表示与情感相关的专字，诸如"惑""悸""懂"等等。

通过对专字不同类型的划分，陈伟武先生总结出专字的几个主要特征：（1）专用字能用增益形符或改易形符的办法使字义单一化；（2）专用字有一个特点，即增益义符之后，原来的形体变成声符；（3）专用字具有字义单一化、字形特殊化等特点。[①]

我的一篇小文章《楚简专字的主要类型和相关问题》也曾对专字的类型划分进行过尝试性的探讨。我在文章中认为，专字类型的划分不是一个单角度、单标准的问题，而可以从多个角度进行划分。从不同的角度切入研究，对专字类型的划分将会有很大的不同。

在这篇文章中，我从专字的表意角度和成字角度对专字的类型进行了划分。从专字的表意角度出发，我将专字划分为三类：（1）表示事物名称的专字，也就是我们习称的"专名"；（2）表示动作的专字，如表示"丢失财物"的"賗"、表示"持有财物"的"賮"等等；（3）表示性状的专字，如"犇"字表示"牛受惊"的样子，而"豞"表示"猪喘息"等等。

从专字成字的角度出发，我又将专字划分为三类：

———————

① 陈伟武.愈愚斋磨牙集[M].上海:中西书局,2014:222–234.

（1）从造字之初字形就已经固定的专字，如表示地名的专字"鄩"、表示玉器名的专字"璜"和"琥"、表示马名的专字"骐"和"骥"等等；（2）随文义临时改易的专字，如上文提到过的"駓""麀""貾"等等；（3）合文形成的专字，如"四马"的合文"驷""君子"的合文"孨"等等。

在硕士毕业论文《楚简专字整理和研究》中，出于方便整理的目的，我对所收集的楚简专字进行了三层分类。

首先，按照专字所表示的意义将其分为七类：（1）表示祭祀、鬼神、月份的专字，如"祭""祟""届"等等；（2）表示动物的专字，如"骐""駓""蒲"等等；（3）地名、山水名类专字，如"淮""鄩""峏"等等；（4）表示器物的专字，如"琥""鞊"等等；（5）表示建筑物的专字，如"闺""荥"等等；（6）表示色彩的专字，如"緑""頯"等等；（7）表示动作的专字，如"歸""貴""閔"等等。

为了更好地从文字学的角度对专字进行探讨，我们在每一类之下再根据专字的构型理据将专字进一步分成四类：（1）通过添改部件的方式形成专字，如前文提到的"随文改字"类专字；（2）长期以合文形式书写形成专字，如"驷""孨"等；（3）直接形声结合的专字，如"骐""琰"等等；（4）表示专义的记号字，亦即构型理据已难以探明的专字，如表示某种祭祀的"翟"等等。

在通过"添改部件"形成专字的类别中，我们按照专字与原字形的关系又进行了第三层分类，将其分为"利用某字的字义基础，通过添改部件形成专字"和"利用某字的字音基础，通过添改部件形成专字"两类。前者所利用的是原字形的字义基础，如表示"纺织制的帽子"和"皮质的帽子"的"緝""鞼"等等。后者所利用的是原字形的字音基础，如表示地名的专字"鄸""醫"等等。

二、汉字专字问题的研究价值及目前存在的问题

专字这个滥觞于五代、定名于清儒、在当今学界引起激烈讨论的问题虽然得到众多学者的关注和研究，但至今仍有很多难以完全解决的问题。

首先是关于专字的整理和阐释分析问题。虽然很多学者对专字做了零星解释和阐发，但对于整个专字系统的整理依然滞后。这种滞后一方面体现在所整理专字的数量上，另一方面则体现在所整理专字的时间跨度上。从数量上看，还有大量的专字没有被学者挖掘和阐释，实际上也就意味着可能还有许多种全新类型的专字尚未被发现；从时间跨度上看，学者所研究的专字多集中于甲骨文、金文以及战国文字等古文字时期，对于汉隶之后的专字关注还相对较少。

其次是专字的名称和定义问题。正如我们前文指出的，专字的名称问题至今没有定论，有称其为"专字"者，亦有称其为"专用字"或"专造字"者，此外它还有如"异体专造字""随文改字"等诸多名称。名称的不固定实际上也意

味着有关专字的定义没有形成一个统一的看法。而这种不统一会导致研究者在专字研究中各自为政，难以形成合力。

此外，有关专字成因和源流的探讨，学者们做的也尚不充分。就我们所收集的研究成果来看，对于专字生成机制的探讨，学界尚处在初级阶段，仅仅将专字的成因概括为书写者的随意性、文字系统的不成熟性、单音节词的局限性等是远不足以说明问题的——至少无法解释为何在同样的语言条件下有的字就改易形成了专字，而有的字则始终没有出现这样的分化。这些问题恐怕需要我们在传统的文字理论之外，再行引进新的理论进行探究。

前面所说的都属于专字研究的基础性工作，而概括专字的类型特征并进一步进行专字背后所蕴涵文化意义的探讨相对而言则属于进一步的工作。在基础工作尚未完备的条件下，进一步的工作自然难以有效地进行。事实上，现在所做的关于专字的分类工作还多是从专字所表示"专义"的角度出发，这实际上是词义学的范畴，对于文字学的研究助益有限。而我们对于专字特征的概括，也远没有做到准确、科学、全面。这桩桩件件都需要我们在完善专字研究基础性工作的过程中逐步跟进。

专字研究中尚存在这么多的问题，并不等于说专字问题的研究没有价值，而恰恰说明专字问题的研究大有可为。

林志强先生在《漫议"专字"研究》中认为，专字研究至少有三方面的价值：（1）汉字是表意体系的记录汉语的符号，表意性和符号性都是其重要的特点，专字现象充分彰显了汉字的表意性和符号性；（2）专字的研究可以看到文字的整合和分化过程，可以推知古人思维发展变化的情况；（3）专字的研究可以揭示古代文化现象和历史奥秘。他在文中指出，专字问题的研究还可以向以下几个方向用力：一是可以对各时期专字进行收集整理，分门别类，在收集整理的基础上再进行比较研究，以窥专字类别的变化和数量的消长；二是对专字问题进行系统的理论探讨，进行更加深入的研究，以期对诸如专字的内涵和外延、专字与专义的关系、专字的流变、专字与历史文化等诸多问题取得共识。[①]

就目前的研究趋势来看，专字问题的探讨还可以向以下几个方面发展：

首先是全汉字体系专字的挖掘和整理。进行全汉字体系中专字的挖掘探索，将会极大地拓宽专字研究的范围。事实上，专字并不仅仅存在于先秦时期的传世文献当中，历朝历代文人墨客的著作、诗词、楹联题记甚至是如今琳琅满目的广告用语和网络用语中，到处都有专字的身影。通过这样的研究，我们能够极大地丰富专字的类型和内容，为专字理论的探索提供充足的"弹药粮草"。

其次是从狭义和广义两个方向出发完善专字的定义。从广义上说，只要是能够体现一定"专义"（这里所说的"专

---

① 林志强.漫议"专字"研究[M]//中国古文字研究会,吉林大学中国古文字研究中心.古文字研究·第31辑.北京:中华书局,2016.

义"既是指字所表达的某种专门意义，也指创造该字的某种专门意图）的字，均可以纳入广义专字的范围来进行探讨和研究，例如前文提到的区别字、类化字甚至是避讳字、当下的广告造字、网络用字等等；而从狭义的角度出发，我们则要注意专字问题的历史传承，强调专字"于古有徵"的纯正血统。狭义的专字研究重视专字的典型性，这样的研究有助于我们把握专字研究的基本原则和标准，免于在广义的专字研究中出现偏离。

对于专字成因、源流的探究以及专字符号的解释，我们要在立足传统的基础上，尽可能地吸取语言符号科学新理论、新成果的营养。事实上，专字研究中的很多问题我们用传统的文字学理论分析是有困难的，而用新理论、新观点却可以对这些问题很好地予以解释。例如，认知语言学的原型范畴理论能够通过范畴成员不平等地位、模糊边界等理论来解释一系列专字的产生问题；符号学的理论则可以用"意图定点"的观点来说明专字的造字意图，结构语言学中的标记理论对于专字在对应原字符上所增添的部件也有很好的解释力等等。此外，从人类思维的角度来进行专字的探索也可能大有可为，如人类原始思维中认为人名与人本身存在某种神秘联系的迷信，与为避讳而改易字形形成的专字之间可能存在联系；先秦"正名思想"与同时期大批专字的产生也可能存在关联等等。

综上所述，专字问题的探索才刚刚起步，而研究的前景则十分广阔，需要我们花大心思、下苦功夫去努力挖掘。

第三节　本文所用到的材料及专字的收集整理方法

一、专字整理范围的确定

专字不是一时一地的产物，而是遍布于汉字各个发展时期的各种材料当中。在漫长的汉字发展史上，不断地有专字产生，也不断地有专字消亡。这样的状态直到今天仍然在持续。受文献材料和能力精力的限制，我们无法对整个汉字发展史上出现的所有专字作穷尽式的收集整理，也无法给出各个时期汉字中全部专字的准确数字。但我们依然希望能够在我们的能力范围之内尽可能多地把最具代表性的专字整理出来，勾勒出整个汉字专字体系的大致面貌。

正是基于上述原因，我们在文字材料的选择上还是经过慎重考量的。虽然由于个人能力和精力的限制，专字收集整理的范围不可能囊括汉字发展史全部时期的全部材料，但重要时期的主要材料必须要尽可能全面地涉及。

我们首先对不同时期的各种材料进行一次粗略的整理筛选，发现专字比较集中出现的时期与汉字发展史上的几个重要时期基本上是吻合的。在殷周时期，由于文字系统还有许多不够成熟的地方，人们往往需要利用一些专字来弥补文字系统表义功能上的漏洞，因此专字的数量相对较多。战国时期的情况与殷周时期基本类似，且由于诸侯割据、文字异形，专字的出现更加频繁。秦统一六国之后，文字也趋于统一，再加上人们对文字的使用也日渐科学，不再随意为临时产生的各类具体意义专门造字，专字的数量逐渐变少，但在汉魏六朝一直到隋唐这段以隶楷为主要书体的文字时期中还是时有发现。宋元之后，一方面由于文字系统的进一步发展成熟，另一方面也由于印刷术的出现和推广，汉字的字形进一步固定，专字的生存空间被进一步地挤压，专字数量继续减少。进入现代社会以后，由于社会发展的速度空前加快，井喷式出现的新事物、新概念对现有文字系统的表义功能提出了巨大的挑战，为这些新事物、新概念创造专用的字符成为一种必要的工作。而全新的书写载体（数字化）以及传播媒介（互联网、电视、平面广告等）的出现又给专字现象的再次繁荣提供了绝好的客观条件。再加上文字的使用者不再局限于特定的阶层，各行各业、各种文化水平的人都可以参与到文字的使用甚至是创造当中，因此大量用于表示新事物、新概念、体现美好的民俗寓意、反映社会热点新闻和重要事件的专字如雨后春笋般地涌现出来。

二、专字整理的具体方法

进一步的收集整理工作就针对这几个重要时期展开。如果能将这些时期的主要文字材料中的专字悉数整理出来，当然是最为理想的状况。但面对浩如烟海的材料，我们绝不可能逐字逐句地去寻找专字的踪迹。充分利用各个时期的字典和文字编的索引系统辅助专家整理是一个很好的办法。借助这些工具书的帮助，我们能够初步筛选出那些构型造义特殊、有可能体现了某种专义的字符。然后我们根据字典、文字编中所标注的出处，找到这些字符所在的文字材料，通过对上下文语句的理解、字符及上下文所在年代社会文化风貌的把握，最终确定某些字符为专字。

例如，我们利用李宗焜先生的《甲骨文字编》找到一个构型造义特殊的字符“”，通过文字编中的出处标注找到“”字所出的文字材料（合集 32268），[①] 又通过对“”字所在的具体文句以及对殷商时期历史文化的了解，最终确定其为专门表示“伐羌”的专字。再如，我们利用滕壬生先生的《楚系简帛文字编》发现一个构型特殊的字符“貟”，并通过文字编中的出处标注找到“貟”字所出的文字材料（郭・老甲・三六），[②] 通过对上下文句的推求，我们最终确定“貟”是一个专门表示“财物丢失”的专字。必须说，各个时期的字典和文字编给我们的研究提供了极大的帮助，前辈学者在编撰这些工具书时所做的出色工作令人既感动又钦佩！

除了充分依靠工具书的索引帮助，日常的学习生活中我们也必须时时留心于专字的收集工作。笔者关注汉字专字问

① 李宗焜.甲骨文字编[M].北京:中华书局,2012:896.

② 滕壬生.楚系简帛文字编[M].武汉:湖北教育出版社,1995:608.

题已经有数年时间。在这数年时间中，笔者在阅读新的文字材料以及前辈先贤的学术论著时也发现了许多具有专字性质的特殊字符。许多前辈学者虽不曾明确讨论"专字"这一概念，但在他们的论著中实际上有很多关于具体专字的精彩讨论。如裘锡圭先生就曾经在《甲骨文字考释》一文中详细讨论了"𡚦"和"秮"这两个分别表示"刈草"和"刈禾"的专字[①]，商承祚先生曾在《殷契佚存》一书中考释了表示"征伐"的专字"循"等等[②]。这些材料极大地丰富了我们的专题研究，具有巨大的价值。

另外，仔细留心日常生活中的汉字，我们也能够发现许多具有专字性质的字符。特别是现代社会上流行的专字，有的由于刚刚被创造出来，一时还未得到学界的关注，有的则因为字形怪异而被视为民间俗字甚至是错字而不被收录。这些字符的整理工作缺乏工具书的索引，收集整理的唯一办法就是依靠日常生活中的积累。例如，表示"禅茶一味"的专字"㙫"是笔者偶然间在某一茶庄中发现的，而"𰻞𰻞面"中的"𰻞"字、表示"油泼辣子"的专字"灡"则是在西安旅游途中偶见。这样的整理方法需要耗费大量的时间和精力，所收集到的也可能只是专字总量的冰山一角，但对于散

———————

① 　裘锡圭.甲骨文字考释[M]//中国古文字研究会,吉林大学中国古文字研究中心.古文字研究·第4辑.北京:中华书局,2005:153–157.

② 　商承祚.殷契佚存[M].南京:金陵大学中国文化研究所.1933:考释8.

佚在民间不为字书所收录的以及现在仍不断被发掘和创造出来的古今专字而言，这恐怕是唯一可行的收集方法。

三、各个时期用到的主要材料

殷商时期的主要出土材料为甲骨文，有关甲骨文专字的整理，我们以李宗焜先生的《甲骨文字编》作为字形的索引，以于省吾先生的《甲骨文字诂林》以及李孝定先生的《甲骨文字集释》作为重要的参考，根据专字字形的具体出处，我们的整理工作可能会用到甲骨文研究的各种主要材料，这其中包括《甲骨文合集》《甲骨文合集补编》《小屯南地甲骨》以及《甲骨文献集成》等等。

西周春秋时期的主要文字材料为金文，因此我们就以金文材料作为这个时期专字收集整理的主要范围。在具体的整理工作中，我们以董莲池先生的《新金文编》作为字形的索引，以周法高先生的《金文诂林》作为重要的参考。整理过程中涉及的材料包括中国社会科学院考古所编纂的《殷周金文文献集成》以及《金文文献集成》等等。

战国时期的文字材料相对较多，主要的书写载体包括金文、简帛、玺印、货币以及陶文等等。我们利用何琳仪先生《战国古文字典》和汤馀惠先生的《战国文字编》作为字形的索引。其中何琳仪先生《战国古文字典》既收集了大量战国文字字形，又附有富有见地的解说，是我们整理工作的重要参考。我在硕士毕业论文《楚简专字整理研究》中曾以滕壬生先生的《楚系简帛文字编》作为索引进行楚系简帛专字的整理，这部分内容也作为战国时期专字的一部分收入本书。

汉字进入隶楷阶段以后的文字材料越来越多，面对浩如烟海的材料，我们完全无法尽数整理，因此我们在这个阶段选择了较具代表性的汉魏六朝碑刻和敦煌文献作为专字收集整理的范围。在这一阶段的整理工作中，毛远明先生的《汉魏六朝碑刻异体字典》和黄征先生的《敦煌俗字典》的索引系统使我们的工作获得了极大的便利。因为这两部工具书分别收录了汉魏六朝碑刻中的异体字和敦煌文献中的俗字，而汉字专字实际上就大量存在于这些异体字[①]和俗字当中。凭借着这两部工具书的索引系统，我们找出了大量隶楷阶段的汉字专字。

宋元以后，由于印刷术的发明和推广，文字的字形逐渐固定下来，人们创造专字的空间已经非常有限，因此我们并没有对宋元以后时期的专字做系统的收集整理。一些产生于这个时期并得以流传至今的典型专字便放在"当今社会流行的专字"中一并讨论。

---

①　专字不等同于异体字，但过去常常被简单地归于异体字当中。通过对汉字异体字的分析筛查，往往能够发现大量的专字。有关专字和异体字的区别，本文中有专门的论述。

当今社会流行专字的收集整理工作缺乏工具书的索引帮助，因此只能通过日常生活中的积累。所涉及的材料包括街头巷尾的广告招牌、互联网上的网页图片、名胜古迹上的名人题字以及私人收藏的书法作品等等。总而言之，只要是有汉字的地方就有可能会有专字存在。

第一章
专字的名称、定义及相关概念辨析

　　本章的主要任务在于确定专字的标准名称和定义，并对一些容易与专字产生混淆的相关文字学概念进行辨析。

　　正如前面提到的，学界在专字的定义上尚未取得一致的看法，在各自的专字问题研究中也还使用着各种各样不同的名称来指称专字。因此，作为一篇以汉字专字为专题的研究论文，确定专字的标准名称和定义是一切工作的前提。

　　在以往的研究当中，由于专字概念的模糊性，一些研究者很容易将专字与其他类型的字相混，如将专字简单地视为异体字、类化字，甚至是错别字等等。专字与有着类似生成机制的分化字之间也难以画出绝对清晰的界线。此外，由于部分专字具有构型特殊、社会认可度低的特点，很多学者也将这些专字归入"俗字"的范畴进行讨论。为了避免使专字问题的研究陷入与其他文字学概念纠缠不清的局面，我们认为有必要在本章中利用一定的篇幅将专字和相关概念作一个辨析。

第一节　专字的定义及名称

一、学界关于专字的称法和定义

我们在前面的"专字问题相关研究综述"中已经对学界各家关于专字概念的称法和定义的讨论进行了详细的介绍，这里为了体现学界各家与本文观点上的异同，仍然对学界各家的观点做一个简单的概括。

1. 学界关于专字的定义

由于着眼点以及宽严标准的不同，学界各家对专字所下的定义也不尽相同。

刘钊先生给专字下的定义是"用于某一专门概念的字"。由于他关注的是甲骨文中残存的形体不固定的原始文字孑遗，因此他将这种文字现象称为"随文改字"。[①]

金国泰先生认为专字就是写词的某一专义的专用字，并认为专字所体现的"专义"既指"与一字（词）多义相对而言的单一义"，也指"与词的一般概括意义相对而言的具体义或偶发义。"

陈伟武先生对专字所下的定义是"专为某一意义而造的字"。从这个定义来看，陈伟武先生所定义的专字，不仅包括临时随文义需要而改益部件形成的字，也包括具有类似形

---

① 刘钊.古文字构形学[M].福州:福建人民出版社,2006:64.

成机制、即便是后来不再做专字使用的字，如分化字等等。

陈斯鹏先生在《楚系简帛中字形与音义关系研究》一书中以"专造字"为名讨论了有关专字的问题。他对"专造字"所下的定义是"某词本已有较为通用的记录字形，但为了表达或强调它的某种或某些固定义项或语境义，专门造出新的字形，这类字形就称为'专造字'"。

林志强先生在《漫议"专字"研究》中指出，学者们以往关于专字的研究，大都都是随文指出，从所举字例来看，也大都恰当，因此大家的感觉可能都是对的。但是理论上究竟该如何概括界定专字，却还没有明晰起来。这个问题还需要进一步研究。

我在我的硕士毕业论文《楚简专字整理和研究》中认为，所谓专字，就是用于某一"专门概念"的字。所谓"专门概念"，是与具有概括性意义的一般性概念相对而言的。它既可能偶然随文义而产生，也可能是从造字、造词之初就已经固定。

从以上观点来看，学者们在专字的定义以及专字所涵盖的范围上还是存在一定的分歧。这种分歧产生的原因主要是观察、研究角度的不同。刘钊先生着眼于甲骨文中的一些原始文字现象，就容易注意到专字因汉字字形不固定而"随文改字"的特点。"随文改字"用于指称甲骨文、金文中一部分形体不固定、随文义而临时改换字形的专字恰如其分，但对于后世已经非常成熟完备的文字体系中出现的专字而言可能就不够恰当了。

金国泰先生着眼于专字"写词的某一专义"的特点，突出专字的"专"以及"专门造字来描写专义"这一行为本身，因此严格将其与异体字、类化字和区别字区分开来，标准相对严苛。陈斯鹏先生对于专字的看法基本上与金国泰先生相近，也强调专字"专门造字以表示某一意义"的特点，因此认为专字应该称为"专造字"更恰当。①

陈伟武先生所定义的专字范围则相对较宽，不但包含我们传统上认为的专字，还包含了类化字和区别字等。②这样的看法当然也有一定的道理——类化字、分化字在被创造出来之时的确也体现了一定的专义，如由"吴公"类化出"蜈蚣"、由"隹"分化出"唯""惟""谁""维"等等。至于后来这些字经过历史的演变是否还作为专字使用，则是历时的问题。

2. 学界讨论专字时使用的不同名称

由于学界各家对专字的理解和定义各不相同，因此在指称这一类特殊汉字的时候，所用的名称也不尽相同。事实上，对于此类专为某一意义而造的字，古人已经给出了一个名称——专字。但学界各家从各自研究的角度出发，还给此类汉字增加了许多不同的名称。

---

① 陈斯鹏:《楚系简帛中字形与音义关系研究》,北京:中国社会科学出版社,2011年,第299页.

② 陈伟武:《愈愚斋磨牙集》,上海:中西书局,2014年,第222–234页.

金国泰先生由于是从专字的"字用"角度出发（写词的某一专义）来定义和研究专字，因此也将专字称为"专用字"。在学界使用这种称法来指称专字还是比较普遍的。[①]陈伟武先生也同样使用"专字"或"专用字"来指称此类汉字，但由于他所定义的专字涵盖的范围相对较广，因此他同时认为专字亦可称之为"分别文""分化字"或"区别字"。[②]陈斯鹏先生在《楚系简帛中字形与音义关系研究》一书中使用了"专造字"这一名称来指称专字，强调了专字"专为某一意义而造"的特点[③]。林志强先生在谈到专字的称法问题时则认为，文字之造与用是不可分离的"双边"，因此称为"专字"似乎可以包括造与用、形与义的内涵，所以他主张用"专字"来指称这一类特殊的汉字。[④]

以上诸位学者是从理论层面出发对专字的称法进行讨论。此外，还有很多学者在论著中随文指出某个专字时，并未使用上述各种称法，而是用了其他说法来解释专字现象。

---

① 金国泰.论专字的本质及成因[J].北华大学学报(社会科学版).2003(1).

金国泰.论专字的源、流及整理[J].北华大学学报(社会科学版).2003(4).

② 陈伟武.新出楚系竹简中的专用字综议[M].北京:紫禁城出版社，2003:99

③ 陈斯鹏.楚系简帛中字形与音义关系研究[M].北京:中国社会科学出版社,2011:299.

④ 林志强.漫议"专字"研究[M]//中国古文字研究会,吉林大学中国古文字研究中心.古文字研究·第31辑.北京:中华书局,2016.

如有的学者将个别专字现象称为"强调语义的加形字"或"受上下文语境影响的类化字"等等。还有的学者将一些专字现象归为"俗字"的范畴。而一些构型比较奇特、所表示的寓意较为特殊的专字有时也会被学者们称为"怪字""寓意字"或"新造字"等等。这些称法虽然没有点出专字"专为某一意义而造"的特性，但也从各自的角度概括了某些专字的特点，因此实际上不能算错。

二、本文所讨论专字的定义及标准称法

1. 本文关于专字的定义

上述各家对于专字所下的定义中，"专字就是写词的某一专义的专用字"以及"专字是专为某一意义而造的字"是其中较具代表性的两种。

在这两种定义中，前者可以概括那些为词的某一专义而造的专字，但不适用于那些"生而"表示某种专义的字。例如，专用为武则天名字的专字"曌"、建筑学中专门为表示"混凝土"而造的专字"砼"、陕西餐饮店的招牌中专为表示"油泼辣子"而造的专字"𤇓"等等显然不是为了表示某个词下面的某一专义而造的。而从这些字所表示的意义来看，它们又很明显具有专字的性质。

"专字是专为某一意义而造的字"这样的定义是比较全面的。论是专为某词的具体义、语境义而造的专字，还是如"曌""砼"等等"生而"表示专义的字，都符合这个定

义。但这个定义的表达，很容易让人产生这样的疑惑：似乎所有的汉字在其造字之初都可以认为是"专为某一意义而造的"。那这样专字与一般汉字的区别何在？

事实上，人们所造的每一个汉字，最初都是为了表示某一个特定意义。从这个意义上说，每一个汉字在其创制之初，都可以算作是专字。因此，要给专字下定义必须认识到广义专字和狭义专字的分别。从广义上看，每一个汉字实际上都有"专造""专用"的性质，因此"专为某一意义而造的字"这个定义是可以适用的。但从狭义上看，只有那些用于表示明显具有专指意义的字才可以称为专字。对于这些专字而言，其定义可能还得重新下。

本文所研究的专字属于狭义上的专字。也就是说，本文所收集和整理的专字，从其所表示的意义来看，都具有比较明显的专指性，且其构型理据与所表示的专义是相对应的。因此，从本文出发，我们给狭义概念上的专字所下的定义是"为表示某一专义而造的字"。

作为狭义概念上的专字，它们不但是专为某一"意义"而造的字，而且是专为某一"专义"而造的字。

那么，究竟什么样的意义才能够称为"专义"呢？学界关于专字所表示"专义"的认识同样存在一些分歧，或认为所谓专字的"专义"指的是随文产生的临时义、具体义，如郭店简中出现的两个专字"貢""賞"（郭店·老甲·三六）所表示的"财物丢失"和"持有财物"的意义属于随文产生的具体义；或认为"专义"指的是与具有概括性的一般义相对的特指义，例如地名、山水名或学科术语等等。

我在硕士毕业论文《楚简专字整理和研究》中认为，讨论专字之"专义"必须严格从字所表示的意义出发，将随具体语境而产生的具体义、临时义以及客观世界中既存的、不具有概括性的特指义均视为专义。①

现在，我们通过研究学习，对于专字之"专义"又有了新的认识。我们倾向于认为，专字之"专义"至少应该包括以下三类：（1）既存的、不具有概括性的特指义；（2）因语境而临时产生的临时义、具体义；（3）存在于语言之外的"超语符"意义。

前两种专义前文已举例说明，不再赘述。所谓"存在于语言之外的'超语符'意义"，最早是由李运富先生在《汉字超语符功能论析》一文中提出来的。② 所谓"超语符"意义，根据我们的理解，就是汉字通过自身的形体表达了某些超出语言中对应符号的内容。具体到本文所讨论的专字，专字所体现的"超语符"意义主要有以下两大类：

一类是存在于语言之外的特殊寓意，也就是我们常说的"言外之意"；体现此类专义的专字，从语符功能上说，也

---

① 张为.楚简专字整理和研究[D].福州:福建师范大学文学院. 2014.

② 李运富,何余华.汉字超语符功能论析[J]//杨荣祥,胡敕瑞.源远流长:汉字国际学术研讨会暨AEARU第三届汉字文化研讨会论文集.北京:北京大学出版社,2015.

许只表示着某个一般意义，有的甚至在语符层面不表示任何意义。但其特殊的构型却体现着某种语言之外的特殊意义。

例如，过年时家家户户贴的"福"字被旋转180°书写是非常常见的形式。从语符的角度看，倒写的"福"字与一般的"福"字所表示的意义并无二致。但倒写的"福"字却还体现了一层语言之外的寓意，那就是以"倒着"的形态寓意着"福从天降"，表达了中国人民期盼上天赐福的美好愿望。这一层意思虽然是"超语符"的，却是倒写的"福"字所独有的"专义"。

再如，武周时期女皇武则天为了推行自己的政治主张，创制了许多新字来替代原有的汉字。这些字即所谓的"武周新字"。被创造出来的新字从字义上看，并不表示什么特别的意思，无非是在功能上取代了一些日常用字，如用"忠"取代"臣"来表示"臣下"之意，用"壄""壐"二字替换了"证""圣"二字等等。但在语义之外，这些字却另有一层特殊的寓意，如"忠"为"一""忠"合文，寓意臣子要"一心一意忠于君主"；"壄"字由"永""主""人""王"四个部分拼合而成，"壐"字由"长""正""主"三部分拼合而成，因"证圣"为武则天的年号，因此这两个字就都蕴含着女皇武则天希望能够"永为天下正主"的深远政治寓意。这层"专义"，同样是我们在语符层面体会不到的。

另一类是关于某一特定事件的映射意义。一般的汉字字符所表示的意义是有限的，想要完整地记录某一事件通常需要词、句子甚至是一定篇幅的段落。但对于一些专字而言，其特殊的构型能够映射出某一特定的社会事件。这种例子在当今社会流行的专字中比较多。

例如，近几年非常流行的"毟"字，是一个专为"成龙洗发水事件"而造的专字。"毟"字在语符层面并不表示任何意义，但它的存在能够映射出前几年老少皆知的"成龙推销洗发水"这一社会热点事件。①

再如，2013 年两会出现了一个专门反映"养老金双轨制"的专字"养"。"养"字通过将"养老"之"养"字形中的"丨"划缩短，从而映射出我国"养老金双轨制"所带来的社会不公平问题。

综上所述，本文中对于专字的定义是"为表示某一专义而造的字"。根据我们现阶段收集整理的专字来看，专字所表示的"专义"主要包含以上三方面的内容。用于表示这些专义的汉字就可以称之为专字。当然，这里列举的三类专义是基于我们目前收集到的专字概括出来的，用于表示其他类型"专义"的专字或许还有很多，因此有关专字所表示"专义"类型的问题，我们还可以继续探讨。

2. 本文中关于专字的标准称法

正如前面提到的，学界各家在专字的名称和定义上存在着不小的分歧，但实际上各家所讨论的内容并未越出专字

_____

① 详见"当今社会流行的专字"一节中关于"毟"字的介绍。

的范畴，只是大都没有从整体上把握专字的全貌。所谓"专用字"的称法，主要是从字用功能角度提出的，"专造字"则着眼于专字专为某一意义而造的"造义"。"分别文"和"区别字"是从专字的实际字用效果所作出的概括，而所谓"随文改字""强调语义的加形字"以及"受上下文语境影响的类化字"等则是对特定专字形成原因的一种解释。

但从我们收集到的专字情况来看，专字的这些不同名称实际上都具有一定的片面性。专为某一意义而造的"专造字"在实际的字用当中未必"专用"，如郭店简专为"财物丢失"而造的"貴"在九店楚简中则还是表示"死亡""逃亡"的一般意义。而专用于表示某一意义的字，其"造义"也未见得非常明晰，如敦煌佛经中专用于表示"涅槃"义的专字"冊"，我们很难看出其字形究竟是如何专为"涅槃"义而造的。

同样的，很多专字未必都是"随文改字"的结果，如专表"禅茶一味"而造的"蘂"字、专门用为武则天名字的"曌"等等显然不是随文义而临时改造的，而这些专字也完全不属于"分别文"或"区别字"。"强调语义的加形字"以及"受上下文语境影响的类化字"虽然可以解释一部分专字的成因，却也完全不适用于上述两个字例。

我们认为，这些具有明显限制性的称法都不足全面地指称专字这种特殊的字，实际上，自王筠以降的"专字"之名反而能够很好地指称这类汉字。学者们从不同角度进行特定类型专字问题研究当然有其重要的价值，但谈及这类汉字的时候，实际上不妨沿用"专字"之名。正如林志强先生所说的，"文字之造与用是不可分离的'双边'，因此称为'专字'似乎可以包括造与用、形与义的内涵，故主张用'专字'这个概念，其名源自王筠，也算于古有徵。"①

因此，我们将"专字"作为本文所讨论的这些特殊汉字的标准称法，也是唯一称法。虽然本文所涉及的专字类型多样，也不在称法上再生分别，而是统一称之为"专字"。

第二节　专字与分化字

在很多学者关于专字问题的讨论中，专字是包括分化字的。这是因为分化字分化的原因、方式以及表意功能都与我们所讨论的专字有着难以截然区分的密切联系。

一、分化字的概念

要理清分化字与专字的关系，我们首先要讲清楚"分化字"的概念。有关分化字的概念，学界的专家已经给出了相对明确的定义。如裘锡圭先生在《文字学概论》中提到："分散多义字职务的主要方法，是把一个字分化成两个或几个字，使原来由一个字承担的职务，由两个或几个字来分担。我们把用来分担职务的新造字称为分化字，把分化字所

---

① 　林志强.漫议"专字"研究[M]//中国古文字研究会,吉林大学中国古文字研究中心.古文字研究·第31辑.北京:中华书局,2016.

从出的字称为母字。"[①] 林沄先生在《古文字研究简论》中说："在原字字形的基础上赋予各种区别性的标志，从一个字派生出几个不同的字，分别承担原有的音义的某一部分。这种现象，我们称之为分化。"[②]

黄德宽先生在《古汉字形声结构论考》中说："词义通过引申不断丰富，造成一个文字符号记录相关的多种义项，各个义项因产生的先后不一，与'本义'的联系也就有亲疏远近之别，较远的引申义项，就可能分化为一个独立存在的词，这时与之相应就产生了一个新的记录它的文字符号；另一方面，一个文字符号所记录的词的引申义项过多，与汉字专字专用的构造意图也相矛盾，需要在文字符号上给以区分，从而孳乳出新字。"[③]

有关分化字的定义，学界已经做过非常充分的讨论。由于不是本文讨论的重点，这里仅录部分比较具有代表性的说法，余不赘述。

二、专字与分化字的关系

不难想见，每一个分化字第一次被写出的时候应该都是基于这样一种情形：原字所表示的意义过多过泛，而正在被表示的意义虽然由原字表示，但已经让书写者感觉到所要表

①　裘锡圭.文字学概要[M].北京:商务印书馆.2013:235.

②　林沄.古文字研究简论[M].长春:吉林大学出版社.1986:87–93.

③　黄德宽.古汉字形声结构论考[D].长春:吉林大学文学院.1996:76.

示的意义与原字的造义不那么契合，出现了比较大的偏差。这种偏差可能是因为原字所表示的意义太宽泛，以至于不能够很好地表示细分的意义，也可能是因为原字的造字意图需要经过反复引申才能够意指文句中的具体意义。如果这种情况严重到让书写者觉得难以接受，他便有可能在原字的形义基础上适当改易字形，以期重新建立字形与所要表示意义之间的意指关系。这种新字的产生过程，从宏观上看，是汉字的分化过程，但实际上在改易字形的那一刻，新字是作为一个专字产生的。这个新的字形所表示的意义相对于原字过宽、过泛的意义而言，强调了其中某一方面的专指性，而新字形的造义又与所要表示的专义相对应。由于刚刚从原字分化出来，尚未出现更加细化、专指的分化，因此这些新分化出来的字应该归为专字。

随着时间的推移，这些分化出来的新字逐渐为更多的人所承认和使用，开始正式承担独立的表义职能，从而彻底与原字分离。自此，新分化的字正式成为一个通行字，频繁出现在人们的尺牍文书当中并录入字书词典。并且它自身也开始承担表示多个义项的功能，甚至有可能继续分化出新字。到这个时候，我们就很难再说这样的分化字属于专字了

因此我们说，"分化字"的提法是以历时的眼光对特定汉字源流的梳理，专字是分化字的最初形式。绝大部分分化字分化的初期都是以专字的形式出现的。只有等到分化彻底完成，新产生的字形逐渐为人们所承认和熟悉，所表示的意

义逐渐变得宽泛而具有概括性，才甩掉专字的帽子，成为一个通行的一般汉字。在完成分化成为一个通行汉字之后，如果人们要对这个汉字进行源流上的梳理，当然可以说它是从某字分化出来的"分化字"，但称其为"分化字"与它在分化的初期作为一个专字而存在以及分化完成后成为一个一般通行汉字实际上并不矛盾。

从这个意义上说，"分化字是专字"的看法虽有它的道理，但也不能说完全正确。虽然分化字最初是作为专字而出现的，但之后经过演变，有可能变成了一般的通行字。分化字是针对某字的源流而立说的，一个字只要是经由分化的途径而被创造，那么无论时间的长短，相对于它的"母字"而言，永远都是分化字。而分化字作为专字的时间可能非常短，离开了它最初分化时的语言环境，经过长时间的演变和再分化，它可能就不再是专字了。这就如同我们日常生活中说"张三是某某的儿子，他是一个乖孩子"。在这句话中，"某某的儿子"这是张三的固有属性，这种称法可以伴随其一生，而"乖孩子"这种评价强调的是张三此时此刻的某种特性，它可能只是暂时的，不会伴随其一生。

三、判定一个分化字是否属于专字的方法

分化字分化的过程必然经历作为专字而存在的阶段。从汉字源流的角度谈论的"分化字"与本文所说的专字实际上并无矛盾的地方。但对于一个分化字而言，根据其所处的不同发展时期，它可能具有专字的性质，也可能不再

属于专字。

此外，虽然绝大部分分化字在分化初期都曾经经历过专字的阶段，但这并不代表有着类似生成机制的专字最终全部会变成分化字。有一部分字虽然也是出于分担"母字"表义负担的目的而从"母字"分化出来，但这种分化始终没有彻底完成，而是在专字的阶段就因为各种各样的原因停止了。人们也并不将其看作一个分化字。例如，金文中表示"驾车"的专字"鞍"，实际上也可以看作从"驭"字分化出来分担"驭"字表义功能的字。但由于各种各样的原因，"鞍"字最终没有完成分化，在后世的文字材料当中也不再经常出现，因此当人们在金文材料中发现"鞍"字时，就很自然地将其视为一个专字。

这就说明，分化字与具有类似生成机制的专字虽然因为同样的原因产生，但有的字由于没有分化成功，始终停留在了分化初期的状态，因此一直属于专字。而大多数分化字经过长时间的发展演变，逐渐失去了专字的性质。因此，我们要进行纯粹的专字问题研究，还是有必要找到将专字和一般分化字区别开来的有效方法。

我们认为，不能简单地断言某分化字究竟是专字或不是专字，而应该在严格限定历史时期的前提下进行讨论和判断。

例如，甲骨文时期的"牡""牝""羒""羖"可以视为专门表示不同种类雌性或雄性动物的专字，同时这些字也是一组同源分化字。但"牡""牝"二字经过一段时期的发展演变，成了雄性动物和雌性动物的统称，很显然不再属于专字。

再如，金文中多假"田畴"之"畴"的古字来表示"长寿"之"寿"，字形作"![字形]"或"![字形]"。后人们在古"畴"字的字形基础上添加了象征"长寿"的"老"，并略作简省，分化出了现在的"壽"字（有关"壽"字的详细分析见"金文时期的专字"一节）。由于"长寿"之"寿"在日常生活中太过常用，如果不从特定的历史时期出发，我们大概很难承认"长寿"之"寿"字是一个专字。但在金文时期，"寿"字确实是一个刚分化出来的、专门表示"长寿"义的专字。董莲池先生《新金文编》中在"壽"字的字形下标注"从老省，为专字"，是非常高明的见解。

由此可见，一个字究竟是否具有专字的性质，与它所处的历史时期是密切相关的。"分化字"是从汉字源流的角度提出的概念，其观察的视角是历时的。而我们判断一个字究竟是否具有专字的性质，必须严格地从共时的视角出发，分析一个字在特定历史时期的性质，不应过多考虑一个字的发展演变。

第三节　专字与异体字、类化字、俗字

一、专字与异体字

将专字与异体字相混，是专字研究中比较容易犯的错误。

　　容易使人们产生混淆的主要是那些表示特定语境下临时产生的具体义的专字。通常情况下，随文临时产生的专义并不会有专用的字形表示，主要是由某个表示概括性意义的通用字形来表示。至于这个字在文本中具体指称的专义，或者通过上下文语句的意义来体现，或者通过阅读者自己的理解和思考补足。

　　如果书写者觉得所要表示的意义相对重要，需要得到特别的强调，则有可能通过创造专字的方式来实现。此类专字的造字手段通常是在原本用于表示该意义的通用字形上增添或改换形符。由于此类专字的形成充分利用了对应原字符的形义基础，字形与对应的原字符比较相似，意义又有密切的关联，因此很容易被看成是对应原字符的异体字。

　　例如，敦煌文献当中的"鈛"是为了强调锡杖的"金属材质"而在原字符"杖"字的形义基础上改换部件而形成；楚简当中的"緢""鞊"是在原来泛指所有帽子的"冒"字上分别增添"糸"和"革"形成的专门表示"丝织帽子"和"皮革帽子"的专字。这些专字在字形上和与之相对应的一般通用字形非常类似，它们在意义上又密切相关。如果阅读者没有体会到这些字所表示的专义，或者没有注意到这些字的字形与随文产生的具体意义的对应关系，那么就很容易将其视为对应原字符的异体字。

　　金国泰先生在《论专字的本质和成因》中曾提到过，专字不是可以彼此互换的异体字，异体字是同一个词的不同书写形式，在任何情况下都可以互换而写词无别。专字是要表现专义的，因此它虽然与相对应的非专字写的是同一个词，但意义范围的广狭不同，非专字虽然可以兼赅专字的意义，而专字在通常情况下却并不表示非专字的全部意义。①

我们虽然并不从汉字"表词"的功能出发来认识专字，但还是赞同金国泰先生的观点。在原字符的形义基础上改造形成的专字绝不等同于原字符的异体字。一言以蔽之，异体字和与之相对应的通行字的关系是表示同一个意思的不同书写形式，而专字与对应原字符无论字形如何类似、所表示的意义如何接近，都还是存在不同，不能简单地互相替换。

二、专字与类化字

汉字的类化问题，学界已经有许多专家专门研究过。之所以特别将其拿出来与专字对比，是因为传统研究中归为类化字的字中有很大一部分具有专字的特点。

张涌泉先生有关类化字的看法比较具有代表性。他在《汉语俗字研究》中认为："人们书写的时候，因受上下文或其他因素的影响，给本没有偏旁的字加上偏旁，或者将偏旁变成与上下文或其他字一致，这就是文字学上所谓的类化法。"

在《汉语俗字研究》中，张涌泉先生将汉字的类化分为三类：一是受上下文影响的类化；二是受潜意识的影响类

_____

① 　金国泰.论专字的本质及成因[J].北华大学学报(社会科学版).2003年(1).

化；三是字的内部类化。[①]

受潜意识的影响类化如"契约"之"契"受到固定搭配"约"而写作"契"等等。字的内部类化如"體"受到右半边的"豊"影响而写作"軆"等等。[②] 这两类类化字改换形体与它们所表示的意义无关，因此与我们所讨论的专字无涉。

受上下文影响而产生的类化则与我们所谈的专字关系密切，需要重点谈一谈。我们认为，受上下文影响而产生的类化是一个相对概括的说法，从类化字具体所受影响的不同，它实际上还可以划分出"受上下文字形影响产生的类化"以及"受上下文语境影响产生的类化"两类。

毛远明先生《汉字形旁类化研究》曾就这个问题详细举例讨论。在他所举的字例当中，受上下文字形影响产生的类化如"钜鹿"之"鹿"受到"钜"字影响类化为"鏕"、"怀抱"之"抱"受到"怀"的影响类化为"㤪"等等。[③] 这种类化虽然也是通过增添或改易部件形成了新字，但产生新字的原因是单纯字形上的参照模仿，与所表示意义无关。新产生的字表意与原字毫无分别，改易字形也看不出什么特殊的"造义"，因此这种类化产生的新字虽与"通过增改部件形成"的专字形似[④]，实则完全不同。

---

① 张涌泉.汉语俗字研究[M].北京:商务印书馆. 2010:63–73.

② 张涌泉.汉语俗字研究[M].北京:商务印书馆. 2010:63–73.

③ 毛远明.汉字形旁类化研究[J].西南师范大学学报(人文社会科学版). 2006,32(6).

④ 有关"通过增添形符形成专字"的造字方法，我们将在下文详细论述。

但毛远明先生同时也提到另一类类化字，即"受上下文语境影响产生的类化"。他所举的字例如"灵鹫"之"鹫"因为表示山名，受到"人们思维联想的类推"而将形符"鸟"改换为"山"，变成"嶻"。[①] 除了毛远明先生所举的字例外，类似的情形多见，如敦煌文献伯3812《胡笳十八拍》之十七："马饥馲雪衔草根，人渴敲冰饮流水"中的"馲"就是因上下文语境的"马跑"义而类化为"馲"的；[②] 此外魏晋六朝碑刻《元廞墓志》中"少而不鞚，长遂龙骧"的"鞚"字便是"控驭"之"控"受语境影响类化而得的。[③]

以上所举字例虽然被一些学者称为"受上下文语境产生的类化"，实际上已经因字形的改变而产生了专义，成为专门表示该语境下具体意义的专字。所谓"受上下文语境影响产生的类化"，实际上就是汉字根据上下文语境所产生的具体专指意义而做出的字形调整。这种字形上的调整体现出与该语境下具体义相对应的"造义"，从而也使产生的新字成为专字。因此，我们认为这一类类化字有别于前面提到的其他类别类化字，应该归入专字的范畴。

三、专字与俗字

"俗字"是一种非正式的通俗字体，张涌泉先生在《汉

---

① 毛远明.汉字形旁类化研究[J].西南师范大学学报(人文社会科学版). 2006,32(6).

② 张涌泉.敦煌文书类化字研究[J].敦煌研究. 1995(4).

③ 毛远明.汉魏六朝碑刻异体字典[M].北京:中华书局,2014:480.

语俗字研究》中说："所谓俗字，是区别于正字而言的一种通俗字体。"它与我们所讨论的专字同样关系密切。

在我们收集整理的专字中，有很多字例以往学界都是将其作为"俗字"来进行讨论的。黄征先生《敦煌俗字典》中就收录了很多实际上具有专字性质的汉字。如专门表示"女孩子"的专字"㜮"、专门表示"凶兆"的"𡧪"、专门表示"草木焦枯"的"樵"（与"樵夫"之"樵"同形）等等。① 对很多专为表示随文产生的临时义、具体义而造的专字而言，低社会认可度是其非常突出的特点。此类专字大都不被字书词典所收录，也不被社会和权威认可，是一种非正式的汉字。从这个特点来看，这部分专字属于标准的俗字。因此我们认为，将部分专字划归于"俗字"的范畴进行研究是没有问题的。

当然，这并不是说专字就完全等同于俗字，更不是说以往许多专家对于俗字所做的大量研究可以完全覆盖我们所做的专字讨论。

首先，虽然专字绝大部分可以看作未得到社会广泛认可的"俗字"，但并不意味着所有的专字都属于非正式、不为权威所认可的"俗字"。事实上，有相当一部分专字已经得到社会和权威的认可，被写入字典辞书并广泛使用，如一些地名山水名专字、科学专名用字等等。化学元素用字，如"酯""烃""烷"、建筑学上的专字

---

① 黄征.敦煌俗字典[M].上海:上海教育出版社,2005.

"砼"、口腔科专用字"殆"等等就是很好的例子。此外如"湘""漳""岐""邵"等地名、山水名专字也同样收录于辞书字典当中，长期固定作为正式汉字被使用。

其次，以往的俗字研究，侧重于探讨俗字相较于所对应正字的字形结构变化，其意义主要在于帮助古籍文献的整理、梳理汉字简化历史以及实现汉字的规范使用，对于专字及其所体现之专义的关注并不多。换言之，以往的俗字研究是将这些专字也"一视同仁"地看作俗字，并未涉及专字的意义、功能以及造字手段的分析。

我们之所以特地将这两个概念进行比较，是为了在讨论一些以往学界专家曾经从"俗字"的角度进行详细分析的专字时，避免出现因这些字同时也属于俗字而忽略其专字性质的疏忽。

第二章　专字功能研究

以往学界关于专字的研究主要集中在专字的辨析和考释方面，理论层面的讨论则主要针对专字的定义、表义类型、造字手段等等。对于专字研究而言，这当然是最为基础性的工作，但绝不是专字研究的全部工作。

事实上，对于专字专题而言，研究的重点绝不止于判断一个字是否为专字并分析专字究竟表示了什么专义。还有一个非常重要的领域之前我们尚未涉及，那就是专字的功能。关于这个问题，李运富先生的"汉字职用学"理论（简称"字用学"）给了我们极大的启发。他认为，汉字作为一种符号，必然有其表达职能，没有职能就不成其为符号。[①] 作为一种非常特殊的汉字，专字在汉民族的文字系统中究竟扮演着什么样的角色，发挥着什么样的功能，其实是非常值得我们认真思考的。因为作为人们传递讯息、记录意义的工具，无论一个专字所承载的意义多么特殊，如果没有实际的字用功能，那它的存在就是没有意义的。

因此，在这个章节中，我们重点对专字的功能进行讨

[①]　李运富.汉字学三平面理论申论[J].北京师范大学学报(社会科学版). 2016(3):52–62.

论，谈一谈专字语符层面的功能、超语符层面的功能以及在整个专字发展历程中专字功能的演变。

第一节　专字的语符功能

所谓专字的"语符功能"，就是专字作为语言符号记录语言的功能。一般的观点认为，文字是记录语言的书写符号系统。[①]对于汉字而言，这样的看法当然有失偏颇，但汉字记录汉语肯定是其最为重要的功能之一。对于汉字专字而言，虽然专字的出现极大地突破了文字系统的表义功能范围，使我们对于文字作为一种平面视觉符号的强大功能有了全新的认识，但专字在语符层面所承担的功能和价值同样不容我们忽视。

首先，专字作为语符而存在，是对现行文字系统"常备"字符的一种有力补充。任何时期的文字系统中常用的字符数量永远是有限的。运用有限的文字来表示语言中近乎无限的概念，对于任何时期的文字系统而言，都是一项难以百分百胜任的艰巨任务。这种表义上的困境给专字的存在提供了十分充分的理由。

在文字体系还不算非常成熟的古文字时期，即便是一些现在看来比较常见的概念也缺少合适的固定字符可以表示。

---

①　叶蜚声,徐通锵.语言学纲要[M].北京:北京大学出版社,1981:161.

例如，对于不同种类的雌性或雄性动物，在以甲骨文为代表的古文字时期人们就缺乏通行的字符可以指称，因此必须用"牡""牝""麀""麚"等大量的专字来弥补这样的缺陷。这种情况在进入隶楷时期之后有所改观，但随着社会的不断发展，许多新事物、新概念的出现再次向文字系统的表义能力提出了挑战。特别是进入近现代时期，科学文化迅猛发展使得新兴事物井喷式地出现，当时的人想在语言中指称这些新事物，却常常缺乏合适的字符来表示。这时候人们往往就会很自然地想到再次创造专字来弥补这些表义功能上的漏洞。例如，化学元素表中就有很多专门用于表示化学元素的专字，如"氢""氧""氮""氦"等等。

其次，部分专字具有提高书面表达效果的功能。随着汉语的不断发展，汉字的职能也不断发生着变化。单字与语素之间往往不再是一对一的对应关系。很多汉字除了记录"本词"之外，还会通过引申和假借承担起记录其他语素的职能。李运富先生在《汉字学新论》中说，由于种种原因，在实际使用汉字的时候，字形与语素的初始对应关系往往被打破，汉字的记录职能也因此而变得复杂起来，于是又出现兼用和借用的现象。① 同时，由于人们造字时同一字形取义的多向性以及字用过程中用过于相近的字形来记录不同的词，导致汉字系统中大量同形异义字的出现。这些字的存在给书面表达带来了很大的困难。

① 李运富.汉字学新论[M].北京:北京师范大学出版社,2012:193.

　　在我们收集整理的专字中，有一部分字能够很好地克服这种困难，增强汉字表词的清晰度，提高汉字的书面表达能力。

　　例如，战国时期的曾侯乙编钟铭文中有"𩎢""𩎢""𩎢"等几个字，分别是在"归""变""穆"的字形基础上添加了表示音乐的"音"符形成的专门表示音律概念的专字。它们所在的文句分别为"大族之加归""文王之变商""穆音羽角"等等。其中"加归""变商"以及"穆音"等等均为与音律有关的概念，传世文献中一般就写作"加归""变商""穆音"。"归""变""穆"等字用于表示音律名，从汉字职能上看，很显然属于"借用"。[1] 对于不谙音律的人以及后世的阅读者而言，这样的书面表达是比较模糊的，很容易引起误会。将上述几个字处理成为专字，增添专门表示音律的"音"符形成"𩎢""𩎢""𩎢"等字，则使得书面表达更加清晰明确，让人一望而知这是表示与音律相关的意义。

　　再如，西周中期的免簋铭文中有"王在周昧瞾"之句。其中的"瞾"字，董莲池先生认为是"昧爽"之"爽"的专字。[2] "昧爽"指的是"天将晓而尚暗之时"，其中的"爽"

---

　　① 所谓"借用",指的是将字形当做语音符号去记录的与该字形体无关但音同音近的语词.李运富.汉字学新论[M].北京:北京师范大学出版社,2012:201.

　　② 董莲池.新金文编[M].北京:作家出版社,2011: 406.

字假"丧"为之。假"丧"为"爽"的用例在典籍中多见，如《尚书·仲虺之诰》中的"用爽厥师。"《墨子·非命上》中引作"袭丧厥师"。《山海经·南山经》中的"又东五百里曰发爽之山"。郭璞注的"爽一作丧"。[①]这种通假是基于音同音近上的考虑，在书面表达上则显得模糊。后世不明通假的人在阅读诸如"昧丧""袭丧厥师"等文句时，不免产生误会。"暜"字在"丧"字上增添了象征时辰的"日"符，能够使书面表达变得清晰明确。

此外，有一些专字还具有使词的词性更加明确的功能。例如，鄂君启舟节中的"迕"字是专门表示词语"上"的动词义的专字。在"上"字的一般用法当中，既有用作名词表示"高处、上面"的，如《诗·陈风·宛丘》上写有"宛丘之上兮"；也有用作形容词表示"上等、等级高或品质良好"的，如《战国策·秦策》上写有"上客从赵来"；更用作动词表示"登、上升、向上"，如《诗·邶风·燕燕》上写有"下上其音"。这里的"迕"字因为添加了表示动作的"辶"符，得以与用作名词和形容词的"上"相区别，专门表示"上"字的动词义。

再如，甲骨文中的"升"字既用作名词表示"升斗"之"升"，如"其褮新，鬯二，升二，卣二"（戬寿25·10）[②]，又用为动词表示"升祭"，如"癸亥贞其有升

---

①　王辉.古文字通假字典[M].北京:中华书局,2008:433.

②　于李圃.古文字诂林[M].上海:上海教育出版社,2004(10):689.

于示壬卯三牛""乙丑卜贞王其又升于文武帝"等等。用为
名词之"升"表示祭祀时进献物品的器物[①]，与用为动词的
"升祭"之"升"存在一定的引申关系，但词的词性并无法
直接看出。专字"祍"在"升"的字形上增添了象征祭祀的
"示"，有效地区别了词性，使人一望而知这个"祍"字用
为动词，表示"祭祀时进献物品的动作"。

如上所述，专字的存在是对现行文字系统"常备"字
符的有力补充，具有提高书面表达效果的功能，部分专字还
能够通过所增添的部件来明确所记录词语的词性。因此可以
说，从语符层面上看，专字充当了文字系统的"补丁"，极
大地弥补了文字系统表义功能上的不足。

第二节　专字的超语符功能

所谓"超语符"意义，根据我们的理解，就是汉字通过
自身的形体表达了某些超出语言中对应符号的内容。"超语
符"这个概念原本更多地用于文学研究当中，也可以理解为
"言外之意"。最早在文字学框架下使用这个概念的应该是
李运富、何余华的论文《汉字超语符功能论析》。李运富、
何余华等先生在文中精辟地指出："实际上文字还具有超语
符的功能，至少汉字是如此。汉字的'超语符功能'不是指

---

① 于省吾.双剑誃殷契骈枝•双剑誃殷契骈枝续编•双剑誃殷契骈
枝三编[M].北京:中华书局,2009:266.

汉字本身的形体和结构在造字环境下的构意和文化义，而是指在使用状态下的具体语言环境中表达了某些超出语言中对应符号的内容，也就是语符链中的汉字含有相应语符无法传达的某些信息，这些信息不是来自语言符号而是源自汉字的形体，所以我们把它称为"汉字的超语符功能……"①

李运富等先生的分析虽然是从汉字层面立说，但实际上已经指出了一些具有超语符层面功能汉字的特殊性。在我们收集整理的专字中，有很多专字是专为表示这种"超语符意义"而造的。它们在语符层面所承担的功能并不比一般的汉字更多，有的甚至不承担任何语用功能，其专字性质体现在它们所表示的"言外之意"上。

我们认为，此类专字所具有的"超语符功能"至少包括以下三个方面：一是丰富文字的文化内涵；二是反映社会生活的方方面面；三是充分表达人们的思想感情。

一、丰富文字的文化内涵

客观上说，作为一种意指性文字，每一个汉字都蕴涵着丰富的文化内涵。但是在实际的字用过程中，由于人们主要关注文字的语符功能，将文字视为记录语言的工具，因此或多或少会忽略文字的文化内涵。

但对于表示"超语符"意义的专字而言，是否具有语符

---

① 李运富,何余华.汉字超语符功能论析[J]//杨荣祥,胡敕瑞.源远流长:汉字国际学术研讨会暨AEARU第三届汉字文化研讨会论文集.北京:北京大学出版社,2015.

功能反而是次要的问题，能够极大地丰富汉字的文化内涵则是它们的重要功能之一。

例如，专门为陕西著名小吃"遗遗面"而造的"遗"字就是一个富有文化意趣的专字。相传这是一位落魄书生为了赊一碗面吃而造的字，造字的同时还根据"遗"字的字形构造创作了一个顺口溜："一点飞上天，黄河两边弯；八字大张口，言字往里走，左一扭，右一扭；西一长，东一长，中间夹个马大王；心字底，月字旁，留个勾搭挂麻糖；推着车车进咸阳。"

"遗"字在语符层面没有什么很明确的功能，但从文化意趣的角度看，它的独特字形以及构型的理据颇为耐人寻味，隐藏在"遗"字背后的造字故事以及那个富于秦川大地韵味的顺口溜更是充满了文学色彩。这类专字的存在，无疑极大地丰富了汉字的文化内涵。

再如，笔者曾在各地的茶室中多次见到一些关于"禅茶一味"的书法作品。在这些作品中，有的书家很巧妙地将"禅""茶"和"味"这三个字融合在一起，形成了一个专门表示"禅茶一味"的专字"䜤"。

作为一个专门表示"超语符意义"的专字，"䜤"字的奇特字形与"禅茶一味"的哲学思想相映成趣。这也让人们在"䜤"字"禅""茶""味"三部分的"水乳交融"中进一步领悟到禅学和茶道高度统一的哲学境界。这种奇特的文化内涵是一般汉字所不具备的。

还有一些专字，是专为体现一些美好的寓意而造的，如过年时家家户户门前张贴的"㐂（倒福字）"、客厅悬挂的"䉺（一帆风顺）"，以及许多店铺中悬挂的合体字"䨺（日进斗金）"、"䨻（生意兴隆）"等等。这些字在语符层面没什么功能，但它们是专为这些富有民俗文化特色的寓意而专造的字。从文化内涵的角度看，这些专字的存在充分体现了中国民间民俗文化中"注重营造喜庆、热闹气氛"的特点，表达了汉族人民对美好生活的企盼。

二、反映社会生活的方方面面

专字的出现极大地拓宽了汉字表义的能力。许多专字在超语符层面所承担的表义职能是一般汉字完全无法承担的。例如，我们可以利用专字的构型造义来反映社会生活的方方面面，甚至是记录一整个完整的社会热点事件。

例如，2013 年两会期间，坊间造了一个专字"养"，用于反映社会上"养老金双轨制"的问题。"养"字在"养老"之"养"的形义基础上进行改造，故意缩短了"养"字"丨"划的长度，隐喻企业养老金的社会化管理和机关事业单位养老金的单位化管理存在的巨大差距。"养"字的这种强大的社会讽喻功能我们在之前任何时期的专字中都不曾多见，更是一般汉字所不具备的。

再如，2004 年成龙代言某洗发水，但该产品随后被工商部打假。事情发生后网友专为这件事造了几个特别的字："䴗""𪚥""𡔖"。这几个字分别用这个广告中的几个关键词拼合而成，并且还有一个共同的读音"duāng"。由于造字者巧妙地抓住了整个事件的核心词，因此尽管时隔多年，当人们看到"甏""鼜""壟"这些颇具幽默色彩的专字时，还是能够通过字形清晰回忆起成龙的洗发水广告视频，许多有意思的桥段和细节如在眼前。因此可以说，"甏""鼜""壟"等字凭借其巧妙的造字手段，起到了记录社会热点事件的作用。

此外，如前几年在网上传得火热的西安大学生为当时发生的一些社会热点事件专门造出的 12 个字，也具有记录社会热点事件的功能。在这 12 个字中，有根据在西安交大校门口卖糖葫芦的"糖葫芦西施"的事迹造出来的专字"糵"、有根据前几年陕西增加了四位院士的事情而造的专字"隓"以及专为西安街上"疯跑的拉土车"而造的专字"捤"。这些专字将记录社会事件的关键字拼合起来形成新字，有的甚至加上了一些醒人耳目的图形符号，如"糵"字左边像"插满糖葫芦的草把子"之形的"艸"等。

三、充分表达人们的思想感情

有一些专字是专为表达人们的某种思想感情而造的。其字用功能在于体现某种存在于语言之外的特殊思想感情。这类专字在很早的时期就已经出现了。例如，甲骨文时期有一个专字"隻"，是专用于表示商族人先祖"王亥"的专字，字形作"隺"。"隻"字字形中的"亥"毫无疑问是"王亥"之"亥"，但上边的"隹"则与"王亥"之名无关。仔细推究，才知道商族以"玄鸟"为其图腾，《大荒东经》记载："有人曰王亥，两手操鸟方食其头。"在表示"王亥"的专字中加上"隹"，体现了商族人对先祖事迹的追念以及对祖先的尊崇和景仰。

金文中专门用于表示"文王""武王"的专字"玟""珷"分别在"文"和"武"上增添了"王"符。所增添的"王"符所起到的作用是体现人们对建立了伟大功绩的文王和武王的崇敬。

敦煌文献中有很多为了避统治者的名讳而造的专字，如为避唐太宗李世民的名讳而缺笔形成的专字"𡈼"、为避唐世祖李昺的名讳而形成的专字"丙"，它们的作用就是表达人们对于帝王的敬畏之情。

武周时期武则天为体现深远的政治寓意而强制推行的一系列武周新字，如"忠""埊""𡎴"等等，更是为了表达自己的思想感情而造的专字。其中"忠"字由"一""忠"二字拼合而成，"一"代表"从一而终、矢志不渝"，"忠"是对臣下职责和义务的最高要求：对君主要绝对忠诚、永不背叛，处理政务要忠于职守、不玩忽懈怠。武则天通过"忠"这个字形，表达了自己对臣下的要求。"埊""𡎴"二字合在一起是武则天的年号（证圣），"埊"字可以看作由四个部分组成，分别为"永""主""人""王"，寓意武则天能够长久地统治天下，帝业永祚。"𡎴"字则由"长""正"（"𡕒"即

"正"字,同样是武周时期改易的新字)"主"三部分组成,也同样寓意武则天能够成为天下永远的"正主"。这些专字在武周一朝取代了"臣""证""圣"等通行汉字在文字系统中的地位,承担了这些字的语符功能。但从根本上说,这些蕴含着深刻政治寓意的专字完全是为了表达武则天个人的思想感情而造的。

如上所述,丰富文字的文化内涵、反映社会生活的方方面面、充分表达人们的思想感情是专字在"超语符"层面的主要功能。当然,我们并不是说一般的汉字不具有类似的功能,但一般的汉字主要还是在语符层面发挥作用,不像此类专字那样以承担这种超语符功能为其最主要的职能。

从这些专字所发挥的超语符功能来看,此类专字的存在使文字系统的表义能力获得了空前的增强,人们现在能够运用字符的形式来表示许多原本不属于文字系统表义职能范围的复杂意义。文字系统的功能外延得以极大地拓宽。因此可以说,此类专字在超语符层面起到了扩展文字系统功能的作用。

第三节 专字功能的历史演变

前文我们对专字的语符功能和超语符功能做了比较详细的介绍。从整个文字系统的宏观视角来看,专字的语符功能和超语符功能对于文字系统而言分别起到了弥补文字系统表义功能不足的"补丁"作用和扩展文字系统表义功能的作用。具备这两种功能的专字在各个时期都有一定数量的存在，但两类专字在各个时期的分布却不是绝对平均的。

事实上，从最早的甲骨文、金文时期到战国文字时期，再到隶楷时期乃至今天，用于弥补文字系统表义功能不足的专字数量先是逐渐减少，在进入现代时期后则由于新事物的大量出现而再次增多。而具备拓宽文字系统表义功能外延的专字数量则逐步上升。

在甲骨文时期，几乎所有的专字都是为了弥补当时文字系统表义功能上的不足而造的。正如我们反复强调的，这个时期的文字系统还很不成熟，对于很多概念而言尚未有固定的字符可以表示。因此这个时期的写手习惯于根据随文义而临时产生的具体意义临时创造专字。这些专字的功能与一般的汉字无异，其存在的意义在于填补当时文字系统在某一概念上的表义空白。

金文和战国文字时期的情况与甲骨文时期基本相似，但已经出现了少量具有"超语符"表义功能的专字。如前面我们所举的金文中的"玟""珷"字以及战国文字中的专字"轈"等等①。这标志着专字拓宽文字系统表义能力外延的功能开始产生。

到了隶楷时期，具备上述两种功能的专字分别都有一定

---

① "轈"字是商族后裔专为追念先祖发明牛车的事迹而造的专字，我们在"战国文字时期的专字"中会详细介绍。

数量的存在，但已经开始出现此消彼长的态势。由于文字系统的逐渐发展，"补丁"式的专字存在的必要性逐渐降低，而能够承担超语符功能的专字则越来越有用武之地。在这一发展过程中，一些专字虽然表示了某一专义，但既不能弥补文字系统的表义缺陷，也并不体现任何超语符意义，从实际功能上看毫无价值的"零功能"专字也开始出现。

汉魏六朝碑刻中的"嫡"字是专用于表示"女子出嫁"的专字。在"嫡"字出现之前"女子出嫁"义由本义为"往、至"的"适"字引申兼表，"嫡"字的出现在一定程度上弥补了原字符"适"字引申兼表"女子出嫁"的迂绕麻烦。敦煌文献中的"殊"是专用于表示"凶兆"的专字。在"殊"字出现之前，无论征兆吉凶都用"祥"字表示。例如，《国语·周语》中的"袭于休祥"，指的是吉兆，而《书·咸有一德》中的"亳有祥，桑谷共生于朝"指的又是凶兆。有了专字"殊"之后，语义要清晰明确得多。这是隶楷时期具备弥补文字系统表义功能不足专字的例子。

汉魏碑刻中的专字"璒""瑈"从语符层面看与原字符"随""侯"并无太大区别，但所增添的"玉"符却提示人们关于战国时期随侯救蛇而获宝珠的典故。这样一层寓意无疑是超乎于语言之外的。这则是具有超语符表义功能专字的字例。上文提到的武周新字"悳""塧""璧"等以及同时期的一些改形避讳字，如"㠯""丙"等等也是纯粹为了表示言外之意而造的专字。

　　而像六朝时期专门表示"病床"义的专字"庝"、专门表示"锡杖"义的专字"鈂"、随语义类化而成的"扶疏"的专字"茯""蔬"以及表示"人骨枯朽"义的专字"歺"等等，虽然具有明显的专字性质，却没有为所在的文句提供什么有意义的补充或说明，也不体现任何特殊的言外之意，只能看作没有任何实用性的"零功能"专字。

　　隶楷时期的专字面貌大致就是上述三类字鼎立三分的局面。

　　到了近现代时期乃至当代，除了为一些新产生的事物而专门造的字，如表示化学元素的"氧""氢""氮"等等，充当文字系统"补丁"的专字数量已经极少。这与文字系统的不断发展成熟以及人们对文字的使用日益经济科学有关。不断产生的是为了体现各式各样五花八门的超语符特殊寓意而造的专字。如为了体现对远大前程的美好祝愿而造的专字"瓛"（一帆风顺）、为祝愿"生意兴隆"而造的专字"顨"以及上文所举的"氞""糖""譲"等等。这样的字在网络传媒高度发达的今天数量巨大且造字手段多种多样，创意无限。

　　通过观察具有不同功能的专字随时间推移而发生的这种数量变化，我们可以很清晰地看出专字功能在汉字发展历程中的演变。在文字初创以及之后的很长一段时间内，由于文字系统还有很多不成熟的地方，因此需要文字的使用者在字用过程中不断的创造新的字形以弥补文字系统的诸多不足。

这些新字出于专门的造字目的，以专字的形式出现，发挥着文字系统"补丁"的功能。

随着文字系统的不断发展成熟，其表义功能也越来越强大而完备，需要专字来填补的表义"漏洞"越来越少。这个时候人们如果继续盲目创造专字，就会产生文字系统的大量冗余。隶楷时期很多近乎"零功能"的专字就是专字"产能"过剩的表现。

但与文字系统逐步成熟完善同时发生的是，文字使用者不断突破文字功能局限的有益尝试。人们不再满足于仅仅利用文字来记录语言，而由于汉字"意指性文字"的特点，又使得人们利用汉字来发挥超语符的表义功能成为可能。因此，具有扩展文字系统表义功能作用的专字应运而生，并且发挥着越来越重要的作用。

通观不同汉字发展时期专字功能的演变，我们俨然看到了专字作为一种特殊的汉字从"促产能"到"产能过剩"再到"产能转型升级"的发展过程。在进入现代社会后，由于新事物、新概念的爆炸式增长，又给具有"语符功能"的"传统专字"提供了生长的温床，而人们通过创造具有"超语符功能"的专字以拓宽文字系统表义功能边界的尝试也在不断进行。未来的专字，恐怕还是会随着不同时代不断变化的字用需求而在这两大类专字的此消彼长中不断前进。

第三章　古文字时期
专字的整理与分类

专字是专为体现某一专义而造的字。"专义"的内容多种多样，且无时无刻不处在动态的产生和消亡当中。因此，想要统计出整个汉字系统中究竟有多少个专字或者汉字历史中出现过多少专字是绝不可能的。作为研究者，我们只能尽可能地将各个汉字时期中较具代表性的专字整理出来，以期从中窥见汉字专字的大致面貌。

在以下两个章节中，我们选取一些不同时期的比较具有代表性的专字，进行专门的讨论。讨论的内容涉及专字的字形出处、所表示专义以及构型的理据等等。这是专字研究的基础性工作，通过这样的讨论，我们可以对各个时期汉字专字的面貌有一个大致的了解。一切关于专字理论的探索都必须以这样的材料整理为基础。

在这一章中，我们重点对古文字时期一些比较典型的专字进行讨论。讨论的范围包括"甲骨文中的专字""金文中的专字"以及"战国文字时期的专字"三个部分。在每一个小节当中，我们再依据专字所表示的意义类型进行分门别类的讨论。

第一节　甲骨文中的专字

在甲骨文字中，随处可见专字的身影。从现有材料来看，甲骨文记录的内容主要包括祭祀、战争、田猎、疾梦生死、农牧渔业、社会关系等诸多方面。而甲骨文专字所表示的意义也几乎遍及上述诸多方面。就我们所发现整理的甲骨文专字而言，根据其所表示的意义，大致可以分成"表示名物的专字"和"表示动作的专字"两类：

一、表示名物的专字

表示名物的专字是专为某一特殊名称或事物而造的字。用于表示名物的汉字一般具有一定的概括性，不足以明确指称具体语境下的每一种具体事物。在甲骨文字时代，人们还远没有文字规范化的自觉性，因此面对随具体文义而不断出现的具体名物，书写者往往根据所要表示的具体事物的特点专门造字或改字，形成了大量用于表示特定名物的专字。例如：

【裥】

"裥"是用作祭祀名的专字。甲骨文中多见，如后上二四·二"叀丝裥用"等等。字形作"𣱱"。孙海波认为是"册"字的或体。《甲骨文字诂林》认为"裥字从'示'从'册'，隶可作'裥'，乃由'册'所孳乳，为祭祀之册专用字"。

【祔】

"祔"为表示"升祭"的专字,甲骨文字形作"祔"。于省吾先生认为此字从示从升,表示祭祀时进献物品的动作。吴郁芳先生认为"祔"字的右半部分像"奉物献祭"之形,故而添加了"示"旁。[1] 传世文献中"升祭"多写作"升","祔"则是专门用于表示"升祭"的专字。

【牢】【宰】【家】

在甲骨文中,同样是表示"牢"的意义,就出现了这三种字形:"牢""宰""家"。古代将用来作为祭品的牲畜称为"牢",以上三个字形分别代表"牛"作祭品、"羊"作祭品和"豕"作祭品三种情况下的"牢"字(表示"豕"作祭品的专字字形隶定作"家",与"家庭"之"家"同形但不同字)。这一组字可以算作是最为经典的专字,学界各家讨论有关专字问题的论著一般都会论及这一组字。

【羝】【雌】【虝】【麚】

"羝"为表示"公羊"的专字,"雌"为表示"雌鸟"的专字,"虝"表示"雌虎","麚"则表示"雄鹿"。甲骨文字中还保留着大量原始文字的孑遗,字形不固定、不规范,随具体文义而随意改字的现象非常多见。以上所举的这一组字都是随具体文义而临时改造的专字。在甲骨文中,人们尚未统一用"牡牝"来表示动物的性别,更多的是临时根据所要表示的动物品类而"随文改字"。改字的方法是,

---

① 吴郁芳.徒考[J].江汉考古.1985(1):68.

在表示特定动物名称的字上添加标识性别的部件“土”或“匕”。因此当时人的生活中形成了大量表示雄性或雌性动物的专字。

【𢦏】【灾】【巛】

这一组字分别为“兵灾”“火灾”“水灾”的专字。甲骨文中字形分别作“”（合 17230 正 • 宾组）“”（合 18741 • 宾组）“”（合 28360 • 何组）。商承祚先生《福考》中写到：“甲骨文有巛、𢦏、灾，以其义言之：水灾曰巛，兵灾曰𢦏，火灾曰灾。”李孝定先生《甲骨文字集释》中写到：“契文火灾字做灾、水灾字作巛、兵灾字作𢦏。”

【㛸】【娍】【㛤】

“㛸”“娍”“㛤”分别为“妇率”“妇戎”以及“妇晶”的专字。这三个字例代表了甲骨文中一种非常特殊的专字——女化字（也有学者简称之为“女字”）。所谓“女化字”，就是在女性的姓族名[①]上添加“性别标志”（一般为“女”旁）形成的字。因为添加了“女”旁的字除用为特定对象（女性）的姓族名之外不能再作他用，因此这些字具有明显的专字性质。据统计，甲骨文中出现的女名约有百余个，特别添加女化符号的约占其中的 80%。这些字都可以看作专门用为特定女性姓族名的专字。篇幅所限，无法一一列出。

① 有关“女化字”所表示的究竟是”姓”“氏”“私名”还是”字”，学界尚存在争议，因为不是本文讨论的重点，这里不做过多地讨论。

【車】【🜨】

这两个字分别是表示"车轴"和"车厢"的专字。李宗焜先生编著的《甲骨文字编》收此二字，并分别注明"车轴专字""车厢专字"。① 两个字均高度象形，具有非常明显的原始文字特征。这里我们按李宗焜先生的做法，不加隶定，录其原字形于此。

【商】

此字是表示"商星"的专字，字形作"霁"（合补11299 反）。李宗焜先生的《甲骨文字编》认为这是表示"商星"的专字。② 甲骨文中"商"字一般用为地名或国名，字形作"禽"或"商"。朱芳圃先生的《殷周文字释丛》认为："商，星名也……或增'∞'，象星形，意尤明显……考心宿三星为东方七宿之一，在房宿之东，尾宿之西，中有一等火星，其色极红，故谓之大火。商人主之，始以名其部族，继以名其国邑及朝代。"③ 目前学界关于"商"字的源流尚未取得非常一致的看法，"商"字与一般甲骨文中的"商"字相比增添了表示"星宿"的象形符号，将其看作是表示"商星"的专字应该是没有问题的。

【瀦】

"瀦"字所在的卜辞云"癸亥卜，在瀦贞，王旬亡畎"，

①　李宗焜.甲骨文字编[M].北京:中华书局,2012:1244.

②　李宗焜.甲骨文字编[M].北京:中华书局,2012:796.

③　朱芳圃.殷周文字释丛[M].北京:中华书局,1962:36.

字形作"㴷"。《甲骨文字诂林》认为该字从水从爵，乃地名之专用字。甲骨文中地名用字极多，有的直接借音同或音近的字来表示，有的则带有表示地名、山水名的部件"邑""山"或"氵"。因音同或音近而借用的字仅仅是兼用于表示地名山水名，一般仍有其本来的职用。添加了"邑""山"或"氵"等部件的字，则成为专门表示地名、山水名的专字，一般不再作它用。这类专字不但甲骨文中极多，在整个汉字体系中也是数量巨大。篇幅所限，仅举一例以说明之。

【夒】

"夒"用于表示商人祖先"王亥"，字形作"䧹"。卜辞中有"辛巳贞王夒上甲即于河""其告于高且王夒三牛其五牛"，《甲骨文字诂林》认为"夒"是为"王亥"的专字。商族以"玄鸟"为其图腾，《大荒东经》记载"有人曰王亥，两手操鸟方食其头。"可见"王亥"与"鸟"有着密切的联系。"夒"是书写者在"王亥"的名字"亥"上增添了表示"鸟"的"隹"形成的专字。

二、表示行为动作的专字

甲骨文中有许多表示行为动作的专字。这些专字或用于特别强调动作行为的主体，或用于特别强调动作行为的对象。还有一些比较特殊的专字，专门用于表示比较特殊的动作或行为本身。

【覓】【翟】【㠯】【冤】

这是一组有关狩猎的专字，甲骨文中字形分别作"﹃"

"𩵋""𩸽""𦥑"。出于随文改字的原始文字习惯,甲骨文中因狩猎对象的不同创造了许多专字。在这里所举的字例中,字形的上半部分代表狩猎工具"罗网",下半部分则根据狩猎对象的不同而改换成相应的动物形象。类似这样的专字在甲骨文中不胜枚举,如专门表示"捕获老虎"的"𦥒"、专门表示"捕获熊"的"𦥓"等等。

【𡆥】【𡆧】【𡆦】【𡇢】

这一组字形象展示了"掘地掩埋祭祀用牲"的祭祀场景。罗振玉、王襄等释为"薶"字。王襄《古文流变臆说》中写道:"(薶)所从之牲有牛、羊、犬、豕之异,每当定形,盖为当时用牲之纪实,用羊则写羊,用豕则写豕。"[1]裘锡圭先生认为此字当释为"坎",像"埋牲于坎之形",即"坎血""坎其牲"之"坎"的专字。[2]事实上无论是释为"薶"还是释为"坎",都是表示"掩埋牺牲"的一种祭祀方法。在具体的字用当中,人们根据所用牺牲种类的不同,替换上不同的象形符号,形成了一系列的专字。

【𡇢】【𡇣】

这一组字从字形上看,似乎与上面的"𡆥""𡆧"相类,实则不同。裘锡圭先生认为,《甲骨文编》把"𡇢""𡇣"等字都当作"薶"字的异体并不妥当。因为参看甲骨文中相关的卜辞,如《殷墟书契》中"壬子卜,㱿鼎

---

① 李圃.古文字诂林[M].上海:上海教育出版社,2006(7):552.

② 于省吾.甲骨文字诂林[M].北京:中华书局,1999:2683.

（贞），**出罙**（擒）麋。丙子**卤**，允**罙**二百**屮**九"等等，这些字应该读为"陷麋""陷鹿"等等，指的是"用陷阱捕兽"。①

【**𦫳**】【**秾**】

这是分别表示"刈草"和"刈禾"的专字。字形分别作"**𦫳**"和"**秾**"。裘锡圭先生指出，"**𦫳**""**秾**"右半部分的"**亏**"像一种刀类工具，是"刈"的初文，"刈"既可以用来刈草，也可以用来刈禾。甲骨文刈草之字作"**𦫳**"，刈禾之字作"**秾**"。②

【**徝**】

"徝"字甲骨文字形作"**彳**"，《甲骨文字诂林》隶定作"循"。"徝"字有学者释为"德"，但从甲骨文中卜辞如"贞王徝土囗"（藏一九二三）、"今春王徝土方"等等来看，释为"德"似乎不通。郭沫若先生认为"徝"表"征伐"义，应该是正确的。商承祚先生认为，"徝"字"从彳从直"，"能正人之曲"曰"直"，从"彳"表示"行而正之"，"义当为征伐之谊之专用字"（佚存考释八页）。③

【**戠**】

"戠"字形作"**戠**"。所出卜辞云："庚寅卜，贞**重**丁酉酒**戠**"（合集 32268）甲骨文中"伐"字一般作"**㚔**"，

① 于省吾.甲骨文字诂林[M].北京:中华书局,1999:2683.

② 于于省吾.甲骨文字诂林[M].北京:中华书局,1999:2683.

③ 于省吾.甲骨文字诂林[M].北京:中华书局,1999:2482.

像"以戈断人首"之形。"戙"字书写者将"伐"字所从之"人"替换成了具体的征伐对象"羌",使之成为专表"伐羌"的专字。

【𢔉】

"𢔉"字字形作"🔳"。所出的卜辞为"又涉三羌其𢔉"（合集 19756）、"羌其𢔉涉河印不𢔉"（合集 19757）等等。刘钊先生认为，"𢔉"字本从"贝"，应为"得"字异体。而卜辞中作"🔳"，从"爪"从"甶"，是将"贝"改写成了训为"鬼"头的"甶"字，以会抓获、获得之意，以迎合词句所表示的"得羌"之意。[①]

从整个汉字体系的专字存在情况来看，专字的意义类型并不止于"表示名物"和"表示动作"两类。在其他时期的汉字专字中，至少还存在一类"表示事物性状的专字"。陈伟武先生所做的关于"新出楚系竹简中的专用字"的研究就将专字分为"表示名物""表示动作"以及"表示性状"三类。[②] 但具体到本章讨论的内容，甲骨文中的字以表示名物和动作者为多，用于表示事物性质和状态的字（词）非常少。赵诚先生曾经说过："表示人或事物性质或状态的词，即所谓形容词，在甲骨文时代还相当贫乏。"[③] 根据王绍新

---

① 于省吾.甲骨文字诂林[M].北京:中华书局,1999:2251.

② 刘钊.古文字构形学[M].福州:福建人民出版社,2006:67.

③ 陈伟武.新出楚系竹简中的专用字综议[M]//陈伟武:愈愚斋磨牙集.上海:中西书局,2014:222–232.

先生的统计，甲骨文中的形容词仅有 41 个。[①] 甲骨文中形容词的数量或许还存在值得商榷的余地，但形容词数量极少确实是不争的事实。因此我们此次的发现整理暂未发现除表示名物和动作以外的专字。

"表示名物的专字"中的"隻"字是专用于表示人名"王亥"的专字。从语符层面看，"隻"字表示了一个特殊的人名，而同时"隻"字字形中的"隹"则象征着商族人的图腾"玄鸟"，体现了商族人对祖先的崇敬之情。因此具有一定的超语符意义。当然，"隻"字的主要功能还是在语符层面表示一个特殊的人名，且这类专字目前我们在甲骨文中仅一见，因此姑且放在"表示名物的专字"中一并讨论。

第二节　金文中的专字

"金文"指铸刻在青铜器上的文字。我们目前发现的"金文"实际上包括了从殷商到战国甚至到秦汉各个时期的铭文。但在本章中我们主要研究的是商周以及春秋战国时期金文中的专字。这是因为从古文字学研究的角度看，这个时期的金文是最具典型性的青铜铭文，也是研究从商朝晚期到战国初期文字的主要资料。专字研究除了要区别不同的书体之外，还要充分考虑到重要历史时期社会文化因素对专字的

---

① 赵诚.甲骨文简明词典——卜辞分类读本[M].北京:中华书局,1988:272.

影响。因此，选取商周以及春秋战国时期金文来作为这个时期专字研究的主要资料，我们认为还是比较恰当的。

与甲骨文时期的专字相比，金文中的专字有了很大的发展。从表义的角度看，专字的意义更加多样化，不再只是简单地指称一些仅有细微差异的具体对象。出现这种变化的原因是多方面的：一方面，在近千年的时间跨度里，社会文化生活发生了很大的变化，这些变化必然会在专字当中得到体现；另一方面，人们对于语言文字的理解和使用也日渐成熟，原始文字的孑遗开始逐渐淡去。此外，一向被视为"正体"的青铜器铭文的文字风格特点和所记录的内容也很大程度上决定了这个时期专字的创造和使用。

一、表示名物的专字

金文中表示名物的专字同样很多。这些专字有的在甲骨文当中已经存在，如表示特定祭祀名称的"衻""禦"等等；表示不同性别、不同种类动物的"牡""牝"等等。有的则是未见于甲骨文的新造专字。从整体上看，金文不再为那些仅有细微差别的具体事物专门造字，金文专字所专指的名物一般都比较特殊、具有一定典型性。例如：

【襫】

"社稷"之"稷"作"襫"，董莲池先生认为是"社稷"之"稷"的专字。[①]"稷"本是古代一种粮食作物，指粟

---

① 董莲池.新金文编[M].北京:作家出版社,2011:39.

或黍，《说文》"稷也，五谷之长，从禾畟声"。有学者认
为"稷"字本从"示"，小篆之后才改为从"禾"，或认为
"稷"字从"禾"和从"示"是两条并行的发展脉络，这是
不正确的。甲骨文中的"𥠄"字，就是古"稷"字。[①]"稷"
字本用作谷物名称，后引申为"五谷之神"，故而在金文中
从"示"，成为一个专门表示"五谷之神"的专字。

【瞽】

"瞽"是"昧爽"之"爽"的专字。见于西周中期的免
簋，铭文为"王在周昧瞽"。"昧爽"指的是"天将晓而尚
暗之时"，《书经·牧誓》上写有"时甲子昧爽，王朝至于
商郊牧野，乃誓"。"爽""丧"古音同在阳部，素有通假
的用法。《尚书·仲虺之诰》上写有"用爽厥师"。《墨
子·非命上》引作"袭丧厥师"。《山海经·南山经》上写
有"又东五百里曰发爽之山"。郭璞注："爽一作丧。"[②]
这里的"瞽"很显然是书写者将"爽"字写作"丧"，然后
再添加"日"符形成专字。曹锦炎先生考虑到通假的缘故，
直接将其隶定为"暌"，也是正确的。[③]

【鈽】

"鈽"见于春秋时期的书也缶，是一个表示器物的专
字，字形作"鈽"，从金从缶。"缶"作为一种盛酒的容

---

①　徐中舒.甲骨文字典[M].成都:四川辞书出版社,1998:780.

②　王辉.古文字通假字典[M].北京:中华书局,2008:433.

③　曹锦炎.鸟虫书通考[M].上海:上海书画出版社,1999: 162.

器最早出现在商代，后来也作为汲水的工具，还可以作为乐器。从材质上看，最早的缶多为瓦器，《说文》上有"缶，瓦器所以盛酒浆，秦人鼓之以节謌"。春秋时期开始出现铜制的缶。"鍂"字书写者就是在"缶"的形义基础上添加了说明其材质的"金"，让它成为一个专门表示"铜制缶"的专字。

【鎜】

"鎜"见于西周晚期的鈜公簠，字形作"▨"，同样是一个器物专字，专指"铜制的盘"。金文中"盘"多从凡（象盘之形），从攴，字形作"▨"（兮甲盘）；后因为所从之"凡"讹变为"舟"，遂叠床架屋地增添了"皿"，成为"盤"，字形作"▨"。目前考古发现的商周时期的"盘"中，有木盘、陶盘以及铜盘等等。这里的"鎜"毫无疑问指的是"铜盘"。"鎜"字通过在可以用于表示各种材质盘的"般"（从"凡"从"攴"）的字形上改换形符的方式，利用"金"符来限制说明文句中"盘"的具体材质，成为一个专门表示"铜制盘"的专字。

【鈛】

"鈛"字见于春秋晚期的越王勾践剑，是用于表示国名"越"的专字。一般典籍当中都用"越"字来兼表"越国"义，金文中偶尔也假"戉"字来表示。这里的"鈛"字书写者在"戉"上增添了地名标记"邑"，使之成为专门表示"越国"的专字。

【郯】

"郯"字见于春秋时期的郯戈，它与"陕"字相似，同样是增添了地名标记"邑"形成的国名专字。典籍当中一般用"梁"来表示"大梁"，金文当中的字形或缺少"氵"作"柔"，如梁十九年亡智鼎；或缺少"木"作"沶"，如沶其钟、沶姬壶等等。"郯"字是书写者在"柔"的基础上添加了地名标记"邑"形成的专门表示"大梁"的专字。

二、表示动作的专字

金文中表示动作的专字很多，它所表示的专义相比于甲骨文中的动作专字也更加复杂，体现出一定的深意。这与金文所记录的内容有关，也反映出社会文化的发展进步。

【旜】

"旜"是表示"祈求"义的专字。从目前的出土材料来看，"祈"字最早出现是在战国时期的楚简当中，周代金文中一般借"旂"为之，字形作"🔲"（"旂"之初文）。"旜"是在"旂"的字形基础上将"斤"（金文中为"单"）替换成"言"形成的专门表示"祈求"的专字。因为人们向上天祷告祈求必须用到言辞，因此"旜"从"言"。

【靮】

"靮"是表示"刻勒"义的专字。《说文》上写有"勒，马头络衔也，从革，力声"。实际上古文字当中的"勒"字像以手用力张革之形，后引申用为"镌刻""刻勒"义，如"勒石""勒碑"。《玉篇·力部》上写有"勒，刻也。"《礼记·月令》上写有"物勒工名，以考其诚"。金文中的"靱"字形作""，从革从刃。因为勒石刻碑必用斧凿刀具，故而书写者将"勒"字中的"力"改换成了表示刻勒工具的"刃"，让它形成专门表示"刻勒"义的专字。

【戗】【錯】【敊】

这一组字都是表示"制造"义的专字。《说文》上写有"造，就也。从辵，告声"，与现在的"造"字结构相同。但在金文当中，"造"字的写法繁多，除从辵的"造"外，还有从戈的"戗"、从"金"的"錯"以及从"攴"的"敊"。现在通行的"造"字除表示"制造"义之外，还能够引申表示"开始""建立""伪造"或者"造访"等等，而这三个字则是专门表示"制造"义的专字。但三字所强调的内容各不相同："戗"字强调了制作的对象（戈）；"錯"强调了制作的材料（铜）；"敊"则强调了制作的动作。

【較】

"較"是表示"驾车"的专字，见于右較车器，从"攴"从"车"。金文中表示"驾驭"义的字多做"驭"，字形作""（虎簋盖），从"攴"从"马"，会"挥鞭赶马"之意。金文中"驭"字除表示"驾驭车马"之外，也表示地名和人名。但"較"字通过改换"马"为"车"，成为一个专门表示"驭车"的专字，不再表示其他的意义。

【罠】

"罠"是表示"弋猎"之"弋"的专字，从网从弋，字形作"罠"（实际字形从戈，为"弋"讹写），出自春秋时期的林氏壶，文句为"罠猎勿后"。"弋"是一个象形字，象下端尖锐的柲状物，本义指木桩，金文中也通作"式"。书写者增添了"网"符的"罠"则专门表示"弋猎"，不再做别用。

三、表示性状的专字

在前面的章节中我们提到过，甲骨文中表示事物性状的字数量非常少（仅数十个）。但在金文当中，表示性状的字开始大量出现。与之相伴随的，表示性状的金文专字也开始出现。这些专字多用于强调某种具体事物的特殊性质或状态，具有典型的专指性。

【鷸】【簹】

"鷸""簹"均出自春秋时期的徐王子旃钟。所在的文句为"中（终）翰且鷸，元鸣孔皇。其音簹簹，闻于四方。韹韹熙熙，眉寿无諆（期）"。这是铸器者赞扬所铸之器的文辞，其中的"中（终）翰且鷸""其音簹簹"都是形容钟声悠远清越的句子。用"悠扬"来形容音乐的声音持续绵长的用法直到现在还在使用。"悠"字金文中多从"言"，后演变而为从"心"。这里因为与乐音有关，故而改为从"音"。"扬"字在金文中字形多样，但大多从手，一般认为像双手上举对日颂扬之形，又引申出"飞举""高升"的意义。这里的"韶"改"才"为"音",显然是为了贴合文义而做出的改换。

【畴】

现在我们习用的"畴"字最早出现在金文当中。最初的"畴"字假"田畴"之"畴"的古字为之,有的加上"口"和"寸"等羡符,字形作"▨"或"▨"。后在古"畴"字的字形基础上添加了象征"长寿"的"老",并略作简省,成了专门表示"长寿"义的专字,字形作"▨"或"▨"。这个字形一直延续下来,篆书、隶书一直到楷书当中构型理据都相同,成为一个常用的汉字。

四、表示超语符意义的专字

专字的功能并不仅限于表示随文产生的临时义、具体义,有时候也用于专表某种存在于语言之外的特殊寓意。这样的专字在隶楷之后的文字中比较多见,但在古文字时期就已经偶有发现。我们在金文中就发现了少数几个这样的专字。

【玟】【珷】

"玟""珷"为表示"文王"和"武王"的专字,字形分别作"▨"(大盂鼎)、"▨"(德方鼎)。因为文王和武王是创立周朝基业的君主,因此在有周一代享有极为尊崇的地位。"玟""珷"二字并非是"文王""武王"的合文形式,从大盂鼎的铭文"丕显玟(文)王,受天有(佑)大令(命),在珷(武)王嗣文乍(作)邦"可以看出。在"玟""珷"二字之下还有"王"字。可见此二字是在两位君主的谥号上增加了象征尊崇的"王"符，形成专门表示"文王""武王"的专字。增添了"王"符的专字"玟""珷"在语言层面上并没有什么特殊的表义作用，其专义主要在于彰显文王、武王的尊崇，体现后世子孙对他们的敬意。这种专义属于存在于语言之外的特殊寓意。因此我们将其归为"表示超语符意义的专字"。①

【龍】

"龍"字见于西周时期的王孙钟，字形作""，在"龙"字的字形上增添了"兄"符。何琳仪先生在《战国古文字典》中说："《广雅·释诂》：'兄，大也。'，龙凤为鸟兽之首，故二字均从兄，以见大义"。② 如果何琳仪先生的说法是正确的，那"龍"实际上体现了当时的人们对"龙"作为百兽之王的崇敬、赞美之情，这层意义使得"龍"字具有了专字的性质。甲骨文中"凤"字或从"兄"，字形作""，依照何琳仪先生的说法，也是属于体现人们对"凤"作为百禽之王的崇敬、赞美之情的专字。

第三节　战国文字中的专字

如果我们将"战国时期"作为一个时间范围来进行专字

---

① 利簋中的"珷"字为"武王"二字合文，与这里所说的专字"珷"虽然字形相类，性质恐怕不同。

② 何琳仪.战国古文字典[M].北京:中华书局,1998:427.

研究的话，就会发现由于这个时期的文字资料不但来自不同的地域，出自不同的写手，而且还记录了不同的内容，记载于不同的书写载体上。因此收集到的专字无论从数量还是表示的意义来看都是各个时期汉字专字之最。我们依旧从这些专字所表示意义的角度进行大致的分类，并就其中一些较具代表性的专字进行着重讨论。

一、表示名物的专字

战国时期，社会生产力全面发展，社会风貌也为之一新。冶炼、农耕、手工业技术的迅猛发展使得社会生活中物品的数量和种类空前增多，探索、开发自然界能力的增强也使人们发现越来越多的事物。爆炸式的物品激增必然引起词汇量的扩张，从而也对专字的数量和意义产生了巨大影响。加之战国时期的文字材料来自于多个地域，具有不同地域特色的自然风物也催生了各具特色的地方性词汇，从而形成了表示各式各样具体名物的地域性专字。例如：

【韹】【䪢】【䶵】

"韹""䪢""䶵"等字所表示的意义非常特殊，是专门用于表示"音律名"或与音律相关意义的专字。这些专字见于曾侯乙钟，字形分别作"𩇨""𩇻"和"𩈀"。以上专字所在的文句分别为"大族之加归""文王之变商""穆音羽角"等等，其中"加归""变商"以及"穆音"等等均为与音律有关的概念，传世文献中一般就写作为"加归""变商""穆音"。"韹""䪢""䶵"等字是书写者在"归""变""穆"的字形基础上添加了表示音乐的"音"，使之成为专门表示音律概念的专字。

【禁】

"禁"字从行从示，见于包山楚简和九店楚简，字形作"禁"（包二·二一零）或"禁"（九·五六·二八），从"禁"字所出简文如"墨祷宫禁"（包二·二一零）、"利以祭门禁"（九·五六·二八）等等可以看出，简文中祭祀、祷告的对象是掌管道路的神明。由此可以推知，"禁"是一个专门表示"路神"的专字。甲骨文中"行"字作"兴"，罗振玉称其"象四达之衢，人所行也"[1]，是"道路"义的本字。"禁"字是书写者在"行"的形义基础上增添了象征神明的"示"形成的专字。

【禽】

"禽"字从"舍"从"示"，字形作"禽"（望一·一三七），见于望山楚简。所出简文作"□祭禽甲戌"。在"禽"的字形中，"舍"所从之"Ａ"表示屋舍房屋之意，"占"与"马厩"之"厩"古音相近，可知表示的意义与马厩有关。[2]"禽"是在表示"马厩"的"舍"字的形义基础上添加专表与神鬼、祭祀相关的部件"示"形成的。结合简文文义，可知这是一个表示掌管马厩的"厩神"

---

① 　徐中舒.甲骨文字典[M].成都:四川辞书出版社,2006:182.

② 　湖北省文物考古研究所,北京大学中文系.望山楚简[M].北京:中华书局,1995:103.

的专字。

【㝃】

"㝃"字见于望山楚简，字形作"㝃"（望一·一三九），从"宀"从"火"从"示"，告声。"示"表明本字与神明、祭祀等意义相关。滕壬生《楚系简帛文字编》认为本字是"灶神"的专字。[①] "灶神"是传说中司饮食之神。

【絽】【韜】

"絽""韜"是专门表示"纺织品材质的帽子"和"皮革材质的帽子"的专字。楚简中用"冒"来表示"帽子"之义。《说文》释"冒"为"冡而前也，从冃从目"[②]。"冃"是"帽"的本字，甲骨文字形作"㒼"或"㒼"，于省吾认为像"以羊角为饰之帽形"[③]。"冒"字"从冃从目"，林义光认为像"目有所蒙也"[④]，字义由"冃"引申，字音沿袭了"冃"的读音。

楚简中用作"帽子"之"帽"。"絽"和"韜"是在表示"帽子"的"冒"上分别添加表示帽子材质的"纟"和"韦"构成的专字。我们之所以可以确定其为专字，是因为其字形与简文内容呈现出严格的对应关系：《长沙仰天

---

① 滕壬生.楚系简帛文字编[M].武汉:湖北教育出版社,2008:702.

② 许慎.说文解字[M].北京:中华书局,2009:157.

③ 徐中舒.甲骨文字典[M].成都:四川辞书出版社,2006:850.

④ 李圃.古文字诂林[M].上海:上海教育出版社,2006(7):103.

湖二五号墓竹简》第十一号简简文为"綎布之綛二堨"①，
"綎布"意为"疏布"，可知简文中所说帽子的材质属于纺
织品，因此在表示帽子的"冒"字上添加了"纟"旁；《包
山二号楚墓》第二五九号简简文为"二紫韦之輯"②，简文
中的帽子很明确地点明是皮革材质（紫韦），因此在"冒"
上添加了"韦"旁。

【鈝】

这是一个专门表示金属材质箭矢的专字。"鈝"字见
于包山楚简，字形作"鈝"（包山二七七），所出简文作
"二十鈝"。何琳仪先生《战国古文字典》隶定作"鈝"，
释为"铜制之箭"。"鈝"字字形中，"至"字像"倒矢"
之形，"金"强调了箭矢的材质，组合起来构成了专门表示
金属箭矢的专字。

【戟】【轐】

这是一组表示特殊用途车辆的专字。"戟"字战国文字
中多见，如陶文中字形作"戟"（陶汇三·一一六一），
望山楚简作"戟"（望山二·八），从"戈"从"车"，会
"战车"之意。"轐"字从车从"敏"，"敏"系"敃"字
繁文，组合在一起会出"田车"之意，也就是用于"田猎"
的车，字形作"轐"（随县一六五）。

---

①　滕壬生.楚系简帛文字编[M].武汉:湖北教育出版社,2008:717.

②　滕壬生.楚系简帛文字编[M].武汉:湖北教育出版社,2008:717.

【㜮】

侯马盟书和中山王圆壶中均有"㜮"字，意为"妾之子"，故而在"子"字上增添了"妾"。字形作""（侯马盟书三三零）或""。古代嫡出和庶出之子迥然有别，"㜮"字是专表"庶出之子"的专字。由"㜮"字可以看出战国时期社会礼法的一些特点。亦有学者将中山王圆壶中的""字释为"龙子"合文，谓"龙子，宠子也"，此说不确。

【頮】【鏍】

"頮"和"鏍"均是表示色彩的专字，故而放在一起讨论。"頮"是特指"人的脸色"的专字，见于郭店楚简，字形作""（郭·语一·四七），所出简文为"其豊（体）又（有）容又（有）頮"。楚简中"色"的字形作""（郭·五·一三）或""（上一·孔·一〇），表示"颜色"之义。"色"字所表示的意义是具有概括性的，万事万物的颜色均可以用"色"来表示。但在上文所列这一文句当中，"色"的意义则更加具体和专一——专门指人的脸色。所以书写者在"色"的字形基础上添加了表示"人的脸面"的"页"，让它形成一个专门表示人脸色的专字。

【鏍】

"鏍"字见于包山楚简，字形作""（包二·一一五），所出简文作"貞邭异之一金一百益四两"。原释者认为即"砂金"，何琳仪先生认为即"彩金"，因砂金"形呈粒状，体微透明，色乳白，往往带红色，能放磷光"，所以称之为"彩金"。笔者认为此说可从。这里的"鋓"字因语义而类化，书写者增添了表示金属材质的"金"，因而带有专属性质，让它成为专表黄金色彩的专字。

【旲】

"旲"是在"一"的古文"弌"上增添了象征时间概念的"日"形成的专门表示时间概念的专字。"旲"字见于战国陶文，字形作"旲"（陶汇三•六五八），所出陶文为"咠坿旲月"。何琳仪先生的《战国古文字典》认为"从日，弌声，日旁表示时间概念……右下之'='为装饰部件"，此说可从。[①]由于书写者增添了表示时间概念的"日"，原来的"一（弌）"字的表意功能被极大地限制，让它变成专门表示月份之"一"的专字。

【鄑】【齏】

"鄑"字见于天星观楚简，字形作"齏"，滕壬生的《楚系简帛文字编》认为同"齐"字，添加"邑"旁表示地名，为"齐"之异体[②]。事实上，战国时期的"齐"字除了表示地名之外，还兼表其他的意义，如《郭店楚墓竹简》上有"齐之以礼"（郭•缁•二四）[③]、"能与

---

① 何琳仪.战国古文字典[M].北京:中华书局,1998:1080.

② 滕壬生.楚系简帛文字编[M].武汉:湖北教育出版社,2008:630.

③ 荆门市博物馆.郭店楚墓竹简[M].北京:文物出版社,1998:18.

之齐"（郭·六·一九）①、"祭祀之礼必有夫齐之敬"（郭·性·六六）②等文句，其中"齐"之意义、性质均不同。而"郪"在"齐"字上增添了专表地名的符号"邑"，实际上就成为专表地名的专字。书写者一般也只会在表示地名的文句中选用这个字形，不再兼表它义。

"鄻"字见于上博简，字形作"鄻"（上二·容·五三正），所出简文作"武王素甲以申于鄻蒿（郊）"，是专门表示"殷地"的专字。表示"殷地"的字本作"殷"，但"殷"字除表示地名之外，还兼表多个意义。添加了"邑"符的"鄻"则专门用于表示地名，成为一个地名专字。

战国文字中地名、山水名专字数量极多。我在硕士毕业论文《楚简专字整理研究》中做过简单的统计，仅楚系简帛中用于表示地名、山水名的专字就有近百个。扩大至整个战国文字的范围这个数量会更加庞大。这些专字多是在原本用于兼表地名的字符上增添地名符号"邑"、山名符号"山"或水名符号"氵"形成的专字。这类专字具有极强的生命力，一经形成便可以长期使用，形义关系也一般不会再发生改变。篇幅所限，仅举两个典型字例进行说明。

二、表示动作的专字

战国文字中的专字数量众多，表示动作的专字相应的也

---

① 荆门市博物馆.郭店楚墓竹简[M].北京:文物出版社,1998:18.
② 荆门市博物馆.郭店楚墓竹简[M].北京:文物出版社,1998:63.

比其他时期更多。这跟战国文字材料来源多样且丰富有关，也反映出这个时期语言词汇的特点。

【𣥦】

"𣥦"是专为表示"溯流而上"而造的专字，见于鄂君启舟节。在"上"字的一般用法当中，既有用作名词表示"高处、上面"的，如《诗·陈风·宛丘》上有"宛丘之上兮"；也有用作形容词表示"上等、等级高或品质良好"的，如《战国策·秦策》上有"上客从赵来"；更用作动词表示"登、上升、向上"，如《诗·邶风·燕燕》上有"下上其音"。这里的"𣥦"字因为添加了部件"辶"，从而获得了一种特殊的"语义标记"，得以与用作名词和形容词的"上"相区别，专门表示"上"字的动词义。

【畚】

上博简的"畚"字是强调动作处所的专字。字形作"畚"（上二·子·二），所出简文为"畚於童土之田"。上博简原释者认为"畚"字"从田来声"，或依声符读为"徕"，并引《集韵》释为"行来之来"。我们认为，"畚"是一个专门表示"至于田"的专字。从简文内容看，所讲的是"舜至于童土"的事情。《庄子·徐无鬼》记载："尧闻舜之贤，举之童土之地，曰：'冀得其来之泽'。"陆德明曰："童土，地无草木也。"尧举舜至于童土之地，是为了开荒造田，故而简文作"童土之田"。正因为舜所至之处为"童土之田"，所以书写者在"来"的下面加上了"田"，从而形成了一个专表"来田"的专字。在这个字形当中，"来"承担主要的表意职能，"田"起到的是强调处所（童土之田）的作用。

【賏】【賷】

这是一组强调动作对象的专字，分别专表"丢失财物"和"持有财物"。所添加的"贝"起到强调动作的对象为"财物"的作用。"賏""賷"两字均见于郭店楚简，字形作"🀫"、"🀫"（郭·老甲·三六），所出简文为"身与货篙（孰）多？賷与賏（亡）篙（孰）疠（病）？……"，很显然是在讨论财物与身体之间的关系。由于表示"丢失"义的"亡"与表示"持有"义的"持"在这一具体文段中均与"财物"有关，故而增添了"贝"来加以强调。

【賵】

"賵"字见于包山楚简，字形作"🀫"（包二·一四五）或"🀫"（包二·一四五反），同样是一个强调动作对象的专字。所出简文作"月彔旦法之无以賵之""舍月彔之赊人□□賵客之□金十两又一两"，很显然是指的"归还财物"之意。所添加的"贝"同样起到强调动作的对象为财物的作用。

【戚】

"戚"字见于上博简，字形作"🀫"（上二·容·二），简文作"而戚其兵"，滕壬生《楚系简帛文字编》将这个字作为"寝"的异文。"寝"字甲骨文作"🀫"，从"宀"从"帚"，会"居室"之义[①]，金文中字形为

[①]　徐中舒.甲骨文字典[M].成都:四川辞书出版社,2006:808.

"俞",同样从"宀"从"帚"[1]。后来由"居室"义引申出"睡卧"之义,才添加上"丬"(床之初文)。"寝"字由"睡卧"之义还可以引申出"停息、休止"之义。《管子·立政》上有"寝兵之说胜,则险阻不守";《史记·匈奴列传》上有"愿寝兵休士卒养马"。这里的"𢧵"在简文当中就作此解。由于所叙述的对象与兵戎、战事有关,因此书写者将"寝"的"丬"改换成了"戈",以会"止战休兵"之义,使之成为一个专字。[2]

【閷】

"閷"字见于包山楚简,字形作"𤲃",所出简文作"閷于大门一白犬"。《包山楚简》整理者认为应读作"阀",释为"杀伐"[3]。笔者认为,从"閷"字所在的简文来看,它记录的是古代非常重要的祭祀仪式之一的"门祀",文句的主要内容是关于祭祀用牲"白犬"的处理方法。[4]古人一般通过宰杀牺牲的方式来向神明献祭,因此"閷"作"杀伐"解是可以说得通的。刘信芳《包山楚简解诂》释"閷"为"磔"[5],与《包山楚简》整理者所释的

---

① 容庚.金文字典[M].北京:中华书局,1985:420.

② 张为.论"侵"字源流及楚简"戠""𢧵"的专用字性质[J].龙岩学院学报.2015(3).

③ 湖北省荆沙铁路考古队.包山楚简[M].北京:文物出版社,1991:57.

④ 张为.楚简专字整理和研究[D].福州:福建师范大学文学院.2014:61.

⑤ 刘信芳.包山楚简解诂[M].台北:艺文印书馆.2003:244.

"伐"意思相近。《风俗通·祀典》有"今人杀白犬，以血题门户……"[①]。由于简文所记载的内容是"门祀"，宰杀祭祀用牲"白犬"的地点在"门"，于是书写者在表"杀伐"义的"戈"上增添了强调动作处所的"门"，让它形成一个专表"于大门杀白犬"义的专字。

【馺】

"馺"字见于战国古玺，字形作""（玺汇三　七〇五）。《说文》释"馺"为"马行相及也"，指马互相追赶。历代文字当中，表示"追赶、赶上"义多用"及"。"及"字从人从又，是"追赶"义的本字。这里因为动作的实施者是"马"，故而书写者在"及"上增添了"马"符，让它形成专字。

三、表示事物性状的专字

战国时期的专字当中也有一些是专门用于表示事物性状的字。与甲骨文专字以及西周春秋时期金文中的专字相比，战国文字中的此类专字数量有所增加，但数量依旧比较有限。

【駜】

"駜"字见于石鼓文《车工》，其上写有"吾车既好，我马既駜"。《正字通》认为"音与《诗》'驷驖孔阜'之'阜'通，言马肥大也。"何琳仪先生《战国古文字典》认为"駜"应读为"姝"，《集韵》上写有"姝，好也"，与

---

① 应劭.风俗通义[M].济南:山东画报出版社,2004:54.

前文的"吾车既好"对文见义，此说可从。① 但这里将书写者表示"美好"义的"姝"所从之"女"改换成了"马"，很显然是受到了文义的类化作用，实际上就让它形成了一个专门表示"马肥壮美好"的专字。

【骄】

"骄"字见于石鼓文《马荐篇》，所在的文句为"骄骄马荐"。原文多已漶漫不清，郭沫若先生认为"此石盖叙罢猎而归时，途中所遇之情景"。② 何琳仪先生的《战国古文字典》释为"济济"。③ "济济"一般用于形容"整齐雄美，有威仪"的样子，这里因为特指马队罢猎而归的情形，因此书写者将"济"字所从的"氵"改换成了"马"，让它形成了专门表示马队整齐雄美威仪的专字。④

【鍊】

"鍊"字出自陈侯午鍊錞，字形作""，是专门表示青铜器形制丰腴的专字。"鍊"字在"鍊錞"一词中，应是用作"肥腴"之"腴"，形容器皿性状肥大。《说文》"腴，腹下肥也"。察陈侯午鍊錞的实际样貌，的确是形制浑圆。由于指称的对象是金属制器皿，故而"鍊"字

①　何琳仪.战国古文字典[M].北京:中华书局,1998:247.

②　中国人民政治协商会议陕西省宝鸡县委员会文史资料研究委员会.陈仓石鼓新探. 1995:67.

③　何琳仪.战国古文字典[M].北京:中华书局,1998:1270.

④　有关石鼓文的年代,学界尚未有非常明确的定论,本文依从高明先生的观点,将本字归于战国时期的专字中进行讨论。

从金。

【齸】

曾侯乙鼎存有此字，字形作"齸"。一些学者将其隶定为"詶"，认为是"詠"的繁文，此说不确。从上举字形上其实可以很清晰地看出，"齸"字中间的部分是"音"而非"言"。李守奎先生《楚文字编》将本字隶定作"齸"，是非常正确的。[①] 在前面的文章中我们已经讨论过几个从"音"的字，这里的"齸"字实际上与春秋时期的"鍚""警"等字一样，是在形容乐声的字上通过增添表示音乐的"音"符形成的专字。

四、具有数量词性质的专字

战国文字中有一类比较特殊的专字，是由长期固定搭配的数词和事物名称凝结而成的，因此带有了一定的数量词性质。例如：

【驷】

"驷"是一个直到现在还比较常用的专字。人们现在还常说"驷马难追"，说明这个字的本意还保留得很好。"驷"字实际上早在西周春秋金文中就已经出现，如伯驷父盘、鲁宰驷父鬲等等。但由于均用作人名，我们无从判断其专字性质。"驷"真正用为具有专字性质的数量单位，是在战国时期的曾侯乙墓竹简中首次被发现。字形作"驷"（曾

---

① 李守奎.楚文字编[M].上海:华东师范大学出版社,2003:155.

一四五）或"⬚"（曾一四二），所出简文分别作"新官人
之驷"和"外新官人之驷"。

　　《说文解字》中"驷"的解释是"一乘也"。段玉裁
《说文解字注》进一步解释说"四马为一乘"。在楚简当
中，"驷"字形下面有时会带有合文符号，如"⬚"。可知
"驷"字本为"四马"合文，由于意义太过常用，逐渐形成
了一个专指"四马一乘"的专字"驷"。由于"驷"字是由
数量词组"四马"拼合而成，因此具有数量词的性质，算作
一类比较特殊的专字。

　　【骖】

　　"骖"字同样见于曾侯乙墓竹简中，字形作"⬚"（曾
一四三）或"⬚"（曾一四五），所出简文分别为"王祉之
黄为右骖"和"鄯牧之骐为右骖"。"⬚"字也有学者隶定
为"骉"，因"参"字古从"晶"，因此"骉"当是"骖"
的省文。《说文解字》释"骖"为"驾三马也"，因此也可
以认为"骖"是表示马的一种特定组合数量的专字。

　　【駪】

　　"駪"字与上述"驷""骖"性质相同，也是表示特定
数量马匹组合的专字，同样见于曾侯乙墓竹简，字形作"⬚
"或"⬚"，所出简文与"驷"相仿，也是由词组"六马"
长期合文书写形成的专字。

　　【輚】

　　"輚"是在"乘"的形义基础上改造而得的专字。

"乘"字古字本像"人在树上"之形，进而引申出"升"义。清朱骏声《说文通训定声》上写有"加其上曰乘，人乘车，是其一崞也"。古代乘车、乘马都可以称为"乘"，西周春秋时期则开始用为量词，指四匹马拉的一辆车。"輚"字就是为这个意义而造的专字，字形在战国时期的文字中多见，如战国古玺作"▨"（玺汇七四二），随县楚简作"▨"（随县一六五）。从目前发现的战国文字材料来看，"輚"多用为量词，如天星观楚简"甬车一輚"（天星二六七）、"六輚"（天星一四八）以及随县楚简"輚輦"（随县一六五）等等。

【䭰】

"䭰"字见于曾侯乙墓楚简中，字形作"▨"（曾一二九），所出简文作"参（三）䭰都甲"。裘锡圭、李家浩《曾侯乙墓竹简释文与考释》隶定为"䭰"，释为"马匹"的专字①，滕壬生《楚系简帛文字编》从此释，但隶定作"䭰"。②笔者认为，隶定作"䭰"或"䭰"表意无别，但释为"马匹"则不够准确。马以"匹"计，故"马匹"为马的总称。从简文来看，"䭰"的前面有数字"▨"（三），如果"䭰"为马匹的总称的话，似乎不应该在前面再加数字。因此笔者认为，"䭰"字应为马匹单位"匹"的专字。

---

① 裘錫圭,李家浩.曾侯乙墓竹简释文与考释[M].北京:文物出版社,1989.

② 滕壬生.楚系简帛文字编[M].武汉:湖北教育出版社,2008:1071.

因"匹"字除用作马匹单位外，还用于表示"布匹"等义，增添了"马"符的"骉"字则专门表示马匹的数量单位，成为一个专字。

五、表示超语符意义的专字

战国文字中的专字，有一些从语言文字的层面看并不一定表示什么专门的意义，但其特殊的字形却体现出一种存乎于语言之外的特殊寓意。例如：

【戥】

"戥"字见于者汈钟，从戈，字形作"戥"，为"会盟"之"盟"的专字。《说文》引《周礼》曰："国有疑则盟。诸侯再相与会，十二岁一盟，北面诏天之司慎、司命。盟，杀牲歃血，朱盘玉敦，以立牛耳。"自甲骨文至金文"盟"字形均从"明"从"血"，亦有从"囧"从"血"（血或省作皿），战国文字中也多是如此。这里的"戥"字在"盟"的一般字形上增加了"戈"，于文义上讲不通，也看不出有什么句法功能上的区别作用。何琳仪先生认为："列国之间会盟旨在弭兵，故从戈。"[①] 如果何琳仪先生的说法是正确的，那"戥"字的特指意义则并不存在于语言文字层面，而更多是体现了一种超乎语言之外的特别寓意，因此可以看作体现"超语符意义"的专字。

【韡】

"韡"字见于中山王壶，字形作"▇"。所出铭文作

---

① 何琳仪.战国古文字典[M].北京:中华书局,1998:725.

"亡有**轋**息"。学界在关于这个字的考释上一直存在较大困难。《商周古文字读本》在这个字上阙疑，于豪亮先生的《中山三器铭文考释》从上下文义和古音通转的角度出发释为"止"，从文义上可以说通，论证则过于迂绕。[①] 张政烺先生认为"**轋**"字从所从之"人""车""牛"皆属形符，而其基本声符则是"囧"，疑读为"遹"。《说文》上有"遹，回避也"，文义上难通。[②]

何琳仪先生《战国古文字典》对"**轋**"字做了详细的分析。他认为"**轋**"即"商"字，在这段铭文中通为"尚"，壶铭文句应读为"亡（无）又（有）尚息"，与《诗·小雅·苑柳》上的"不尚息马"辞例相若。[③] 这个分析应该是非常正确的。从字形上看，"**轋**"字由"人""车""牛""商"四部分组合而成，当是"商"字繁文。而从文句上看，"无有尚息"语义通顺，且有《诗经》辞例作为佐证，可成定论。但究竟为何"商"字会繁写为"**轋**"，颇费一番思量。何琳仪先生认为，"**轋**"字从"车"，从"牛"，从"人"，从"商"，会"商人发明牛车"之意。"**轋**"之结构疑为中山白狄民族对其先祖商王亥发明牛车传说的追忆。[④]

王亥服牛的传说典籍当中多有记载，而"**轋**"字又出

① 于豪亮.于豪亮文存[M].北京:中华书局,1985:37.

② 张守中.中山王器文字编[M].北京:人民美术出版社,2011:78.

③ 何琳仪.战国古文字典[M].北京:中华书局,1998:652.

④ 何琳仪.战国古文字典[M].北京:中华书局,1998:653.

自中山国铸造的铜器。中山国据学者考证，为殷人的后裔。
作为殷人后裔，出于对自己祖先的崇敬，特意繁写先祖的族
名，赋予其特殊的寓意是合乎逻辑的。何琳仪先生所做的分
析合乎"鞾"字的构型，又于典籍有征，应该是正确的。
"鞾"字作为"商"的繁文，其特殊构型并未对"商"字
的字义产生什么影响，却体现了一种语言之外的特殊寓意，
通过特殊的字形表达了商族人后裔对先祖的崇敬以及对祖先
英雄事迹的纪念，可以看作一个典型的用于体现"超语符意
义"的专字。

战国文字中的专字数量要远远多于其他时期。这和当时
特殊的历史背景有关。我们上面所列举的仅是一些比较具有
代表性的战国时期专字，并非穷尽了战国文字专字的全貌。
有关战国时期专字的整理研究，在本文之前已经有多位学者
做过相关的工作。陈伟武先生在《新出楚系竹简中的专用字
综议》中同样以"表示名物的专字""表示动作的专字"以
及"表示性状的专字"为分类标准，对新出楚系竹简中的专
字进行了比较详细的介绍。[①] 陈斯鹏先生的论著《楚系简帛
中字形与音义关系研究》中也有章节专门讨论楚系简帛中的
"专造字"问题。陈先生在文中以"专造字"为名详细讨论
了专字的定义、名称等问题，并对楚系简帛文字中部分较具

---

① 陈伟武.新出楚系竹简中的专用字综议[M]//陈伟武.愈愚斋磨牙
集.上海:中西书局,2014:221–234.

典型性的专字进行了集中论述。① 我的硕士毕业论文《楚简专字的整理和研究》也在诸位先生的研究基础上对楚简专字进行了收集整理和分析，全文收集的楚简专字计百余个。

　　楚系简帛文字是战国时期文字中极其重要的一部分，其中的专字也是战国时期专字的重要组成部分。上述论著均是围绕着楚系简帛中的专字进行的，可以作为重考资料。

　　① 　陈斯鹏.楚系简帛中字形与音义关系研究[M].北京:中国社会科学出版社,2011:212.

第四章　今文字时期专字的整理与分类

　　在本章中，我们重点讨论今文字时期的专字。陈炜湛、唐钰明在《古文字学纲要》中说："从文字形体结构这个标准出发，我们认为秦以前的文字(甲骨文、金文、战国文字)为古文字，秦以后的文字(隶书、楷书、草书、行书等)为今文字。"[①] 由于这个时期的文字材料汗牛充栋，要进行穷尽性的整理远远超出了我们的能力范围。我们只选择比较有代表性且相对集中完整的一些材料进行专字的收集和研究。我们将汉魏六朝碑刻和敦煌文献作为专字收集的主要范围，在这个范围内力求对专字做尽可能全面地收集整理。这样做的好处有两点，一是材料相对集中完整，且前辈学者已经就这两宗材料做过大量研究，这些研究成果可以供我们学习借鉴；二是我们所设定的这个范围已经可以大致涵盖自汉魏六朝到唐五代这一段历史时期。这一时期的其他材料以及宋元以后各类材料中的专字则采用零星收集的方式补充到我们的

────────────

　　① 　陈炜湛,唐钰明.古文字学纲要[M].广州.中山大学出版社,1988:3.

研究中来。本章的第一节我们重点讨论汉魏六朝碑刻中的专字；第二节则重点分析敦煌文献中的专字；在本章的第三节，我们将平常收集到的当今社会流行的专字做一个集中的讨论。

第一节　汉魏六朝碑刻中的专字

汉魏六朝碑刻是今文字研究中的重要材料，现存的石刻拓片达到 1400 余通。这些碑刻数量庞大，内容丰富，反映了特定时期社会生活的方方面面。从中发现的专字所表示的专义也是丰富多彩。

一、表示名物的专字

【峨】

"峨"字字形典籍当中多见，《集韵》上有"时征切，音成，山名。"但这里讨论的"峨"字与《集韵》所收之"峨"虽同形，实际不是同一个字。本文所说的"峨"字见于北魏时期的元昭墓志。从碑文上下语句"歙峇自峻，犹削峨之居众埠"来看，这个"峨"描写的意象与高山及险峻的城池有关（碑文中的这一段文句是用高山险城来比喻墓主人的高洁品质）。"峨"字的形成很显然是受到上下文语义的影响。从字在这一具体文段中的功能来看，"峨"字表示"高山般险峻的城池"，所增添的形符"山"具有比喻象征作用，可以看作一个具有比喻象征意义的专字。

【痝】

"痝"是表示"病床"的专字。出自东汉许卒史安国祠堂碑，碑文作"正月上旬，被病在痝"。"床"字古字形作"牀"，从爿从木。后改"爿"为"广"，成为从"广"从"木"的会意字。这里的"痝"字改而从"疒"，是因为碑文谈及"卧病在床"的内容，因此因文义而将"床"所从之"广"换成了表示"疾病"的"疒"，形成专字。

【嵿】

"嵿"字见于《集韵》，释为山名。实际上"嵿"字是专门表示"山顶"义的专字。"嵿"字在汉魏碑刻中多见，如《论经书诗》上写有"披衿接九贤，合盖高嵿极"；《太基山铭告》上写有"此大基山，内中明冈，及四面岩嵿上嵩岳"；《仙坛诗刻》上写有"诗五言，于莱城东十里，与诸门徒登青阳嵿太基山上，四面及中嵿，扫石置仙坛一首"等等。以上所举诸例中，"嵿"字均用作"山顶"义。典籍当中"山顶"之"顶"一般做"顶"，但"顶"字本指"头顶"，除表示"山顶"义外，还用于表示诸如"头顶"等事物的顶端。而添加了"山"符的"嵿"则成为专门表示"山顶"的专字，一般不做别用。

【峨】

"峨"字与"嵿"字类似，是专门用于表示"山阿"之"阿"的专字，见于北周的《李元海造像记》，碑文作"敢竭周身之物，采石首阳之峨"。"山阿"之"阿"除了表示

113

"山阿"之外，还有多重表义功能，添加"山"符之后则专门表示"丘阿"之义。

【钾】

"钾"是"铠甲"之"甲"的专字。因铠甲多为金属材质，因此加上了强调材质的"金"符。"钾"字在汉魏碑刻中多见，如高句丽好太王碑"所获铠钾一万余领，军资器械，不可胜数"；元遥墓志"公躬挽钾胄，一鼓而摧"等等。

【崋】

汉魏六朝碑刻中的"崋"字字形作"▨"（论经书诗）或"▨"（宋显伯等四十余人造像记），是"灵鹫山"之"鹫"的专字。"鹫"字的表义功能不止于用在"灵鹫山"一词当中，而增添了"山"符的"崋"则专用于"灵崋山"一词，一般不做别用。

【榠】【楟】

"榠楟"本作"冥灵"，是传说中上古时期的神木。因为所指是树，故而在"冥""灵"二字上增添了"木"符，实际上也就形成了专门表示传说中长寿的树的专字。见于北魏时期的元昭墓志"昂藏独秀，若榠楟之在中皋"。

【姤】

《说文》所收之"姤"字作"遘、遇"讲，与本文所说的"姤"字同形异字。"嫉妒"之"妒"异体字亦作"姤"，也与这里的"姤"同形异字。本文所说的"姤"字见于北魏时期的郭法洛等造像记，碑文作"伏愿皇帝、圣姤，□□害□下"，文句虽然已部分漶漫不清，但依然可以看出这里的"姤"指的是帝王的正妻，即"皇后"。同时期的"后"字除表示"皇后"义外，也表示"君王""诸侯"等义，也用作姓氏。除此之外，汉魏碑刻中的"后"字已经开始与"先後"之"後"通用，如"永昌厥后，世称蕃衍"（□伯超墓志）、"后洛州王卓又举为敦煌镇都将"（寇慰墓志）等等。这里的"姤"字书写者在"后"的形义基础上增添了"女"符，使之成为专门表示"皇后"之"后"的专字。

【䂄】

"䂄"字见于《说文》，释为"石，可以为矢镞。从石奴声。"从这个解释我们可以判定"䂄"字为专门表示"石箭"的专字。但我们尚未在比汉魏碑刻更早的文献中看到"䂄"字的具体字用情况，因此放在这一章节进行讨论。我们所见的"䂄"字在西晋时期的临辟雍碑中，所出碑文作"彭濮肃慎，织皮卞服之夷，楛矢石䂄，齿革大龟之献，莫不和会王庭，屈膝纳赘"，字形作""。

【溺】

这里的"溺"是表示"弱水"的专字。见于北魏山徽墓志"资贤辅圣，建业弱水之阳"，字形作""，与"溺水身亡"之"溺"同形。典籍中表示相应河流的词一般作"弱水"，其中"弱"字还兼表他义。而专字"溺"则专门用于表示水名。

【蟴】

毛远明先生《汉魏六朝碑刻异体字典》将"蟴"视为表示"螽斯"之"斯"的加形专字,这是正确的。[1]螽斯,昆虫名,体长寸许,绿褐色,触角细长,振翅善鸣。《诗·周南·螽斯》:"螽斯羽,诜诜兮。"毛传:"螽斯,蚣蝑也。"因表示的意义与昆虫有关,故而书写者增添"虫"符形成专字"蟴"。

【樤】

"樤"字见于字书,《类篇》释为"小枝也。"典籍中一般习惯用"条"来表示"枝条"义。但"条"字泛指一切条状物,表义过于概括。"樤"字很显然是为了专门表示"树木枝条"而增添了"木"符。汉魏碑刻中字形作"![樤]"(元诱妻冯氏墓志)。"樤"字的使用比较广,在汉魏碑刻中以及更晚的文献中除表示"枝条"义外偶尔也泛指其他"条状物",这属于字符表义功能的扩大。在用于泛指其他条状物的语境下,"樤"便失去了专字的性质。

【䟽】

字书中所收之"䟽"为三国时人名,而汉魏碑刻中所见"䟽"字乃是"步武"之专字。"䟽"字所在的碑文作"应图踵䟽,声休素牒"(染华墓志)。字形作"![䟽]"。毛远明先生认为"䟽"字为"武"的加形专字,专表"足迹"之

---

① 毛远明.汉魏六朝碑刻异体字典[M].北京:中华书局,2014:839.

义，与我们的分析相类。[①]

【㥽】

"㥽"是专门表示"男息"的专字。见于北齐毕文造像记，字形作""，所出碑文作"魏故并州刺史、司隶校尉、屯留令毕轨之玄㥽"。古汉语中"息"既可以用于表示儿子，如《战国策·赵策四》中的"老臣贱息舒祺，最少，不肖"、南朝梁徐防《长安有狭邪行》中的"大息登金马，中息谒承明，小息偏爱幸，走马曳长缨"，也可以用于表示女儿，如《剪灯馀话·洞天花烛记》中的"今弱息及笄，议姻震泽，将纳其次子为婿"。这里的"㥽"字书写者增添了表示"男丁"的"子"，从而限制了"息"字的表义功能，让它成为一个专门表示"男息"的专字。

【垗】

"垗"字见于《说文》，本义是"祭坛四周的边界"，又指"墓地"，但在出土文献中少见。汉魏碑刻中的"垗"字为"兆"的加形专字，专指"墓地"。典籍中表示墓地的字多做"兆"，但"兆"字除表示"墓地"之外，还有很多的表义功能。因此汉魏碑刻中在"兆"字上增添了"土"符，形成专字。"垗"字见于北周时期的尉迟运墓志，字形作""。

【璲】【瑈】

"随侯"本用作宝珠名，出自战国时期随侯救蛇而获宝

---

①　毛远明.汉魏六朝碑刻异体字典[M].北京:中华书局,2014:939.

珠的典故。《庄子·让王》中的"今且有人于此，以隋侯之珠，弹千仞之雀，世必笑之。是何也？则其所用者重，而所要者轻也"、《淮南子·览冥训》中的"譬如隋侯之珠，和氏之璧，得之者富，失之者贫"都是指此。汉魏碑刻中见于东魏王偃墓志"如彼璀瑛，声价远闻"。因为"璀"所表示的意义与"宝珠"有关，故而书写者增添了"玉"符，让它形成了专门表示"随侯之珠"的专字。

二、表示动作的专字

【诪】

"诪"字见于北齐时期的天柱山铭，与《说文》所载表"诅咒"义的"诪"同形异字。这里的"诪"字用作动词，乃是专门表示"访求"义的专字。"诪"字所在的碑文作"诪谘俾乂，非公勿许"。"诪谘"原作"畴咨"，意为"访问、访求"，因"访问、访求"与言谈话语有关，故而"畴""咨"二字分别改换或增添了意符"言"。"畴"字原本所承担的表义功能很多，作动词可以表示"酬答""筹划"以及"壅土"等义；作名词可以表示"田畴""类别"等义；还能用作形容词表"以往、以前"。书写者经过增添"言"符形成的"诪"字，取消了其他的表义功能，让它成为专门表示"访求"义的专字。

【璔】

"璔"字见于北魏的元晔墓志"厉以琢磨，切磋成功"，乃是专门表示"磨玉"的专字。"璔"字所对应的原字符"磨"从石，麻声，本就是因"研磨"义与石头有关，故而从"石"，这里为了表示"磨玉"义书写者又增添了"玉"符，实际上有叠床架屋之嫌。这说明造"璔"字者对"磨"字的形义关系并不非常了解。

【梑】

这里所说的"梑"乃是专门表示"伐木"义的专字，而非"木筏"之"筏"的异文。"梑"见于北齐的张起墓志，用于表示诗经篇名"伐檀"之"伐"。所谓"坎坎伐檀兮，置之河之干兮"，"伐檀"指的是"砍伐青檀木"，故而增添"木"符形成"梑"字。"伐檀"典籍一般用"伐"字，但"伐"除表示"伐木"义外，主要还是用于表示"征伐"之义，而书写者添加了"木"符的"梑"则专门表示"伐木"。

【鞚】

字书当中的"鞚"用作名词，指"马笼头"。这里所说的"鞚"见于北魏建义元年的元廞墓志，碑文作"少而不鞚，长遂龙骧"，显然是表示"驭马"的专字。由于驭马多用皮制的缰绳，故从"革"作。典籍中表"驾驭"义一般用"控"，如《诗·郑风·大叔于田》："抑磬控忌，抑纵送忌。"毛传："骋马曰磬，止马曰控。""鞚"字作为表示"驭马"义的专字出现之后还是比较经常被使用，如宋代苏轼《虢国夫人夜游图》诗中的"佳人自鞚玉花骢，翩如惊燕踏飞龙"、宋代洪迈《夷坚甲志·太山府君》中的"驭卒鞚大马，甚神骏"、清代蒲松龄《聊斋志异·凤仙》中的"偶在途中，遇女郎骑款段马，老仆鞚之，摩肩过"等等，均用到了"鞚"字。

【攀】

"攀"字是用于"攀车"义的专字，字形作"攀"，出自北魏时期的杜法真墓志，碑文作"攀车结慕"。表"攀登"义的字古作"奴"，战国时期加上了声符"棥"，成为"樊"。后因"樊"字借为"樊篱"之"樊"，故而又增添"手"符形成"攀"。这个字形一直到现在还在使用。这里的"攀"字是因为碑文文义与"攀登车辆"有关，故而增添了表示攀登对象的"车"符。出于字形美观的考虑，书写者又简省了"攀"字最下面的"手"，让它形成一个专门表示"攀车"的专字。

【婖】

"婖"是专表"女字出嫁"的专字。古代女字出嫁曰"适"，如《左传·昭公元年》中的"女自房观之，曰：'子晳信美矣，抑子南夫也。夫夫妇妇，所谓顺也。'适子南氏"。《玉台新咏·古诗〈为焦仲卿妻作〉》中的"贫贱有此女，始适还家门"。余冠英注："适，嫁。始适，言出嫁未久。"苏轼《刘夫人墓志铭》中的"女二人，长适进士虞大蒙，次适承议郎郭逢原"。但"适"字用于表示"女子出嫁"是由其本义"往、至"引申而来的，与"女子出嫁"义在形义关系上无明显联系。而增添了"女"符的"婖"在字形上更加贴合"女子出嫁"这个意义。很显然书写者在创造"媜"字时已经注意到"适"与"出嫁"义之间形义关系的模糊性，因此才创造专字以表示。"媜"字汉魏碑文中多见，字形作""（张满泽妻郝氏墓志）、""（谢珫墓志），偶尔省略"辶"符作""（谢珫墓志）。

【歺】

"歺"为"朽"之专字在汉魏碑刻中多见，因碑文意义与人之腐朽有关，如东汉时期的小子残碑"死而不歺"、北齐时期的陇东王感孝颂"高山达节，景慕萦鞻，式凭不朽，永播衣巾"等等，故而书写者改"木"为"歺"，让它成为专门表示"人体腐朽"的专字。

【慉】

这里的"慉"字是"积蓄"之"蓄"，用于表示"怀有"义的专字。与《说文》所说的"起也，从心畜声。《诗》曰：'能不我慉'。"不是同一个字。"积蓄"之"蓄"本义为"积聚、储藏"，见徐锴《系传》中的"蓄谷米刍茭蔬菜以为备也"。故而从"艹"，汉魏碑刻中亦见从"禾"，字形作""，与从"艹"之"蓄"构型理据相似。本文所说的"慉"见于北魏时期的元宝月墓志，字形作""，碑文作"王有容仪，善谈谑，怀美尚，慉奇心"。"慉"之所以从"心"，是因为它在语境中所"积蓄或怀有"的"奇心"。

【賙】

"賙"是"周济"义的专字。"賙"本作"周",因"周济"义与财物金钱有关,故而书写者增添了象征财物的"贝"符。"賙"字见于三国魏受禅表"(众)兆陪台,蒙賙济之养"、齐故大鸿胪卿赵州刺史李君墓志铭"轻财重士,好賙能散,邻里待以自资,姻族望而举火"。字形作"■"或"■"(字形已漶漫不清)。

三、表示事物性状的专字

【珀】

"珀"字出自东魏的道㤭造像记,字形作"■"。"珀"字字形虽与"琥珀"之"珀"相同,但不是一字。从"珀"字所在的碑文内容"唯大魏武定元年,十二月二日,万善寺道㤭敬造珀玉观音像一躯"来看,"珀"是一个专门用于表示"白玉之白"的专字。有的学者认为"珀"之所以从"玉"是受"白玉"的词义影响类化,这解释了"珀"字的生成原因。但从"珀"字的实际功能来看,它可以视为一个专门表示"白玉之白"的专字。

【憹】

"憹"字见于北周的张子开造像记,字形作"■",碑文作"嵩山可砺,心愿永憹"。这是一个专门表示"情意浓烈"的专字,与字书所见表示"懊恼"义的"憹"同形异字。"憹"是一个很特别的专字,原本用于表示"浓烈"义的字作"浓",用于表示"浓烈的情感",属于"浓"字意义的适当引申。但这里的碑文中将"浓"字所从之"氵"替换成了"忄"，则显得更加贴切，更适合用于表达情感上的"浓烈"状态。

【萩】【蔬】

表示"枝叶繁茂、高低疏密有致"的词本作"扶疏"，如《吕氏春秋·任地》中的"树肥无使扶疏，树硗不欲专生而族居。肥而扶疏则多秕，硗而专居则多死。"南朝宋刘义庆《世说新语·汰侈》中的"枝柯扶疏，世罕其比"。"扶疏"偶尔也写作"扶疎"。汉魏碑刻中因为"扶疏"的意义与草木有关，因而分别为"扶"和"疏"加上了"艹"符，形成专字。作为专字，"萩""蔬"组合在一起专门表示"枝叶繁茂、高低疏密有致"的意义。"萩蔬"一词见于北齐慧圆、道密等造像记"道德萩蔬"，在碑文中用为比喻义，以树木枝叶的繁茂比喻道德的盛美。①

【惺】

"惺"字见于北周张子开造像记"迷子惺悟，方求彼岸"，为"醒"字的专字，与"惺惺相惜"之"惺"同形异字。典籍中"醒悟"之"醒"多从"酉"，"星"声，《说文》中的"醒，酒解也"，其本义是从醉酒中苏醒，用为"醒悟"义属于字义的引申。"惺"字改"酉"为"忄"，是因为"醒悟"为人的内心活动，从"忄"更加贴合这个意义。

---

① 毛远明.汉魏六朝碑刻校注[M].北京:线装书局,2008:110.

四、表示超语符意义的专字

汉魏六朝碑刻中用于表示某一随文义产生的具体义、临时义的专字虽然还占有一定的数量，但由于语言文字的发展，这些专字在所处的文句当中已经不具有什么实用性的价值。反倒是一些能够体现某种存在于语言之外的特殊寓意的专字逐渐增多，并成为语言文字的一种有益补充。例如：

【珋】【琨】

"珋"字见于北魏叔孙协墓志，字形从"玉"作""。"珋"字在这段碑文当中用作山名，表示"荆山"。荆山位于我国湖北省西部，自古是出产美玉的地方。相传春秋时期，卞和得玉就是在荆山。毛远明先生在《汉魏六朝碑刻异体字典》中认为，"珋"字是因为荆山产玉，思维类推，故"荆"又加形旁"玉"作"珋"。^①这样一来，相比于仅具有语符意义的原字符"荆"，"珋"字因为增添了"玉"符而获得了一种特有的文化意味，除了在语言文字层面表示"荆山"意义外，还体现出一种超语符的特别意义，因此可以视为一个具有超语符专义的专字。

汉魏碑刻中同时还有一个"琨"字，也是基于同样的理由形成的专字。这里的"琨"字不同于字书当中表示"美玉"的"琨"，而是因为昆仑山产玉而产生思维联想形成的新字。"琨"字出现在北魏时期的元佑墓志、穆亮墓志以及张猛龙碑中等等。

---

① 毛远明.汉魏六朝碑刻异体字典[M].北京:中华书局,2014:433.

【驫】

"驫"是一个官名专用字，仅用于"驫骧将军"一词当中，如"祖晋宁、建宁二郡太守、驫骧将军、宁州刺史"（爨龙颜碑）、"公应变逾长，风飙更勇。隐若敌国，差强人意。授驫骧将军、中散大夫"（豆庐恩墓碑）等等。从这个字的意义上看，它在语符层面并不表示什么实际的意义，但在超语符的层面，实际上是体现出一种"形容马匹骏健如龙"的比喻义，因此具有超语符的专义。

第二节　敦煌文献中的专字

20 世纪初敦煌莫高窟发现的大批唐前后的手写本和刻本是我国学术史上一次影响巨大的发现。据专家估算，敦煌文献的总数约在六万件左右，其数量之多、价值之高、影响之大可以说是空前绝后的。从文字学的角度来看敦煌文献，俗字泛滥现象是其突出特点。张涌泉先生在《从语言文字的角度看敦煌文献的价值》一文中指出，敦煌卷子借以产生的魏晋六朝以迄五代宋初这一历史时期，是汉字发展史上承前启后的关键时期，也是汉字字形最为纷杂的时期。[①] 敦煌卷子作为这一历史时期的产物，不但魏晋六朝以前的俗字异体在它上面留下了痕迹，宋元以后的俗书简体也在它上面露出了端倪。因此，敦煌文献是唐代前后的各种字体积存的大宝

---

① 　张涌泉.从语言文字的角度看敦煌文献的价值[J]. 中国社会科学. 2001(2).

库，为我们提供了丰富的近代汉字学字形资料。

敦煌文献的俗字泛滥虽然给人们的阅读造成了一定的困难，但却绝非毫无价值。在数量巨大的敦煌俗字当中，处处隐藏着专字的身影。敦煌文献当中的专字，从其表示的专门意义来看，大致可以分为以下几类：

一、表示名物的专字

我们知道，每一个汉字所表示的概念都具有一定的概括性，表示名物的字往往被用来指称一整类具有某种共同特点属性的事物。而当人们要表示这一类属下某个具体、特定的事物时，单个汉字的表意功能就不足以应对这种需求了。这个时候，如果所要表示的事物确实有某种特殊的性质必须得到强调，而一般用来指称此类事物的通用字不足以体现这种专义的话，人们往往会通过增益或改换的方法在原字的基础上另造专字来表示。敦煌文献当中就有许多这一类型的专字，例如：

【姟】

"姟"字是"孩"的专字。见于《愿文等范本·妹亡日》中的"惟姟子禀乾坤而为质，承山岳已（以）作灵。惠和也，而（如）春花秀林，聪敏也，则秋霜并操""嗟姟子八岁之容华，变作九泉之灰；艳比红莲白玉，化①作荒交

　　①　中英方编乡辑委员会等.《英藏敦煌文献》[M].成都:四川人民出版社.1990. 卷号编码:S·0001—S·13650.下文所引敦煌文献材料,凡编号以"S"开头者,均出自本书.

（郊）之土"等等。从上下文语境以及《愿文等范本·妹亡日》这一题目可以看出，这段文句中所指的"姟子"特指女童。因此书写者特意将"孩子"之"孩"字所从之"子"改换成了"女"，成为一个专门表示"女孩子"的专字。《广韵》有"姟"字，古数名，通作"垓"，与这里所说的"姟"字虽属同形，但不是一字。

【釟】

S·5431《开蒙要训》"釟灸疗除"。"釟"即"艾"字的专字，"艾"本是植物名称，又名"艾蒿"，是一种多年生草本植物。茎、叶皆可以作中药，性温味苦，有祛寒除湿、止血、活血及养血的功效。艾灸之法属于我国传统的针灸诊疗方法，多与针砭并用，因此这里的"釟"字从金，以突出其作为诊疗方法的性质。作为专字的"釟"所指称的"艾草"是专用于针灸诊疗的药物，而不再泛指自然界中的一种植物。

【羘】

"羘"字在敦煌文献当中多见，如S·318《洞渊神咒经·斩鬼品》中的"和喻家亲、太祖、父母、内外犹羘，及祠之者、不应祠之者，悉为分别遣之""持铜戟斩煞耶鬼，收世间一切强羘""厕上守吏奴之，道上守吏尸供；内外大鬼，宅中强羘，男女客民，水火金木之所煞害者，各各自约""若有宅中故炁，四面殃羘，一切恶鬼，山林池泽之鬼者，一一收之"等等，为"祥"之专字。"祥"字多表"吉祥"义,《说文》中的"祥,福也"。但"祥"字同时也能用来表示"吉凶的征兆"。五代徐锴《说文系传·示部》中的"祥,祥之言详也。天欲降以福,先以吉凶之兆,审详告悟之也"。清段玉裁《说文解字注·示部》中的"祥,凡统言则灾亦谓之祥,析言则善者谓之祥"。《左傅·僖公十六年》中的"是何祥也?吉凶焉在"?杜预注:"祥,吉凶之先见者。"汉仲长统《论天道》中的"其大略吉凶之祥,又何取焉"?以上这几例特指吉兆。但同时又可以指"凶兆",如《周礼·春官·视祲》中的"以观妖祥,辨吉凶。"郑玄注:"妖祥,善恶之征。"贾公彦疏:"祥是善之征,妖是恶之征。"唐刘知几《史通·书事》:"故德弥少而瑞弥多,政逾劣而祥逾盛。"以上两例指的又是凶兆。敦煌文献中的"殃"字从文意来看,很显然是指凶兆,进而引申出"妖魔邪祟"之义。故而书写者将"祥"字所从之"示"改易成了表示"恶、坏"的"歹"。

【賮】

"賮"字见于 S·3491《破魔变押座文(一)》中的"君不见生来死去,似蚁循环(还);为衣为食,如蚕作茧。假使有拔山举顶(鼎)之士,终埋在三尺土中;直饶玉提(缍)金绣之徒,未免于一械灰賮"。"賮"字为"灰烬"之"烬"的专字,因文中提及灰烬乃由"饶玉提绣之徒"所化,与金帛财物有关,故而从贝。"賮"字所表示的意义与一般的"灰烬"不同,乃是繁华富贵所化之"灰烬",具有专指性。

【鈛】

"鈛"字见于 S·2073《庐山远公话》中的"是时续有敕曰：'赐远公如意数珠一①串，六环锡鈛一条，意（衣）着僧依（衣）数对'，兼将御舆，来迎远公入内""遂下佛殿前来，见大石一所，其下莫有水也。远公遂已（以）锡鈛撅之，方得其水从地而漫出。至今号为锡杖泉"。"鈛"是"杖"的专字，是在"木杖"之"杖"的字形基础上改易而得的。"杖"本从"木"，这里因为上下文语句已经限定其为"锡杖"，材质属于金属，故书写者改"木"为"金"，成为专字。

【嬕】

"嬕"字改换"奴仆"之"仆"的"亻"为"女"，成为专门表示"女性奴仆"的专字。"嬕"字见于敦煌文献 S·6836《叶净能诗》中的"即合永为奴仆，以谢恩私"。文中记录了常州无锡县令张令携妻子赴任，路过华岳神庙。岳神强占张令妻子为妻，叶净能帮助其将妻子夺回的故事。文中句"即合永为奴仆，以谢恩私"即是张令及妻子拜谢叶净能时所说的话。因为上下文围绕的主题是叶净能搭救张令之妻一事，而这句话又是张令之妻所说，因此句中之"奴仆"有偏指女性的意味。所以书写者通过改易形

---

① 　原字缺.依据黄征先生敦煌俗字典补足.黄征.敦煌俗字典[M].上海:上海教育出版社,2005:543.

成"嬳"的专字。

【𪨢】

"𪨢"是表示"庐山"的专字。见于 S·2073《庐山远公话》中的"逢庐山即住，便是汝修行之处"。"卢"字本身并不表示"庐山"义，而只是作为一个语素参与到词语"庐山"当中。而书写者添加"山"符以后，则让它变成了一个专门表示"庐山"的地名专用字，"𪨢"字本身不再作其他意义使用。

【𨵐】

"𨵐"字见于 S·5584《开蒙要训》中的"𨵐阗须弥"。作为一个地名专字，"𨵐"字仅用于"于阗"一词当中。

二、表示动作的专字

表示动作行为的字会因为作用对象的不同而产生不同的意义。如果书写者认为确有必要为这种临时产生的具体义专门造字的话，就会通过改易或增易的方式来形成新的动作行为专字。例如：

【塎】

"塎"字见于《开蒙要训》中的"崖崩岸塎"。"塎"为"倒"的专字，因为"崖崩岸倒"指的是"土石崩塌"，因此书写者将"倒"字之"亻"改换成了"土"，让它成为专表"土石倒塌"的专字。

【闚】

"闚"字在古籍中屡见，指的是从夹缝处或小孔内窥看。《易·丰》上有"闚其户，阒其无人"。陆德明释文引李登曰："闚，小视。"从历代的使用情况来看，"闚"字似乎只是"窥"的一个异体字，用于一般的"窥看"义。但我们研究专字主要应该考察一个字某一个时期的使用情况，而不能过多地考虑其全部历史时期的样貌。从敦煌文献中"闚"字的使用情况来看，"闚"与"窥"在使用上是有明显区别的："窥"字用于一般的"窥视"义，而"闚"字所出现的语境都与"门户"有关，如敦研 118《大般涅盘经》卷第二十三中的"既入聚中窥看，诸舍都不见人"、S·189《老子道德经》中的"不出户，见天下；不窥牖，见天道"等等，似是专指"由门户向内（或向外）窥看"之义。因此我们判定敦煌文献中的"闚"是一个专表"由门户向内（或向外）窥看"的专字。

【愼】

《汉语大字典》收"愼"字，释为"顺"的异体字。有学者认为系"顺"字左半部之"川"的讹变。但从敦煌文献的用法来看，仅将其作为一个单纯的异体字似乎是不够客观的。敦煌文献当中的"愼"字多是作"依顺、随顺"义讲，如津艺 22《大般涅盘经·卷第四》中的"我今此身即是法身，随顺世间，示现入胎"、"随顺世间众生法，故示为婴儿"、甘博 003《佛说观佛三昧海经》卷第五中的"不顺师教"、敦研 277《妙法莲华经·卷第一》中的"供养诸

佛已，随顺行大道"、敦研 105（5-1）《妙法莲华经》中的
"闻法信受，随顺不逆"等等。从上面所举诸多文例可以发
现，这里的"愲"指的是由内心生发出的一种依从，相比于
"顺"字所固有的"依顺、顺从"义，"愲"字更侧重于心
理而非行动。因此，我们认为"愲"是一个专表"内心随
顺"的专字，故从"忄"。

【嵉】

S·2832《愿文等范本》中的"为是登嵉，力尽身浣
（完）耶"？此为"陟"的专字，《说文》上有"登也，从
阜从步"。因为"登嵉"的对象为"高山"，因而书写者改
"阜"为"山"，让它成为专表"登山"的专字。

三、表示性状的专字

敦煌文献中的专字有很多表示性状的专字。例如：

【魑】【魌】

"魑""魌"二专字共同组成了"魑魌"一词，故而放
在一起讨论。"魑魌"见于 S·778《王梵志诗》中的"吾
富有钱时，妇儿看我好。吾若脱衣裳，与吾叠袍袄。吾出经
求去，送吾即上道。将钱入舍来，见吾满面笑。绕吾白鸽
旋，恰似鹦鹉鸟。邂逅暂时贫，看我即魑魌"。黄交军等先
生的论文《敦煌文献词语"貌峭"诂诠》释"魑魌"为"貌
峭"，本义指容颜丑恶，可以引申为态度不正、看不顺眼。
从《王梵志诗》的这段文句来看，这个说法当是正解。由于
"貌峭"是一个带有强烈丑恶意味的贬义词，因此书写者将

“貌”和“哨”二字分别增加和改换上“鬼”旁，让它们形成了两个专门表示“丑恶、看不顺眼”的专字。

【樵】

敦煌文献中的“樵”不是“砍樵”之“樵”，而是表示“草木焦枯”的专字。字见S·6315《祈雨文》中的“家苗樵旱，虑恐三春狂（枉）力，九秋不登”。由于表示“草木焦枯”之义，故而书写者在“焦”字上添加“木”旁，让它成为专表“草木焦枯”的专字。

【醲】

“醲”收于《广韵》，意指“酒味浓厚”，也可以做名词指“味浓的酒”。从“醲”字的意思来看，它脱迹于“浓”字，但并不足以分担“浓”字意义下的一个义项，具有较为强烈的专指性质，不能简单地视为分化字，而应当看作一个专表“酒味浓厚”的专字。敦煌文献中见于敦研·276《金光明经·卷第二》中的“其地具足，丰饶肥醲，过于今日余地”、S·6537《十五人结社文》中的“大者罚醲腻一席，小者决仗三十”。

【駯】

《玉篇》收有“駯”字，意指“赤色”。《敦煌变文集·太子成道经》上有“大王问知，遂遣车匿被駯琮白马。遂遣西门，于（依）前游观”。从文意来看，“駯”显然是因为书写者知道文中所指的是“白马的赤色鬃毛”，而在“朱”字上增益“马”旁，让它形成的专门表示马鬃毛之

"赤色"的专字。

四、表示佛经专有名词的专字

敦煌佛经是敦煌文献的一个重要组成部分，其中涉及许许多多的佛经专用词。从字义的角度来看，用来表示这些专有名词的字有很大一部分属于专字。按照一般的划分，这类专字也可以分别归于上文的几个意义类型当中。但由于敦煌文献中这类专字所表示的意义以及成字的方式均比较特殊，因此我们把它们单独归为一类进行讨论。

【䒑】

"䒑"字见于敦煌文献 P·2173《御注金刚般若波罗蜜经宣演卷上》中的"又依功德施䒑论云：'佛所说法，咸归二谛：一者俗谛，二者真谛'"。它是"菩""萨"二字合文并简省来表示"菩萨"这一专门概念的专字。

【𦬝】

"𦬝"字是"菩提"的合文，见于敦煌文献 S•6557《南阳和尚问答杂征义》中的"一切众生，未来之世定得阿耨菩提，是名佛性"。"𦬝"字是"菩""提"二字合文简省形成的专表"菩提"意的专字。

【茾】

"茾"字在敦煌佛经当中多见，如 P·2173《御注金刚般若波罗蜜经宣演卷上》"须茾深解义趣，涕泪悲泣"、P·2305《妙法莲华经讲经文》中的"证得菩提归净土，又起慈悲化有请"等等。"茾"字的成字理据非常特殊，我们将在下文讨论专字构型理据的章节中专门讨论。

【冊】

这个字形在敦煌佛经当中多见，如 S·6557《南阳和尚问答杂征义》中的"问'何故经云不断烦恼而入冊'"？S·343《愿文范本等》中的"业障消除，等冊而汤轻雪"。P·2133《金刚般若波罗蜜经讲经文》中的"弟五不住生死冊心"。等等。从经文中上下文句语义推断，"冊"即"涅槃"无疑。因此"冊"可以说是表示"涅槃"义的专字。

五、表示超语符意义的专字

就我们所见的敦煌文献专字而言，这种为表示某种超语符意义而造的专字主要有两部分，一种是改换字形的避讳字，另一种则是以武周时期所造的"武周新字"为代表的"寓意字"。

1.改换字形的避讳专字

避讳是中国古代社会的一种特殊文化现象，避讳字是避讳行为的直接产物。早在周朝时期，文献上就已经有关于避讳行为的记载，而"避讳"一词则最早见于汉代。班固《汉书·楚元王传》中有"数称燕王、盖王以疑上心，避讳吕、霍而弗肯称"。一般认为，避讳行为的心理学解释是源于某种"认为人名与人自身冥冥之中存在着某种神秘联系"的原始思维。这种极具神秘主义色彩的原始思维认为如果有外力加诸人的名字上（也包括一系列与本人密切相关的随身物品），则这种外力同样会作用于人。列维·布留尔的《原始思维》在这方面做过非常详细的讨论①。出于这种对于神秘联系的恐惧，有权势的人会通过禁止他人书写（或直呼）自己的名字的方法来躲避灾祸。久而久之，这种行为成为一种习惯，逐渐演变成了象征统治者尊崇地位的标志。

窦怀永博士的博士论文《敦煌文献避讳字研究》指出，从根本上说，避讳就是利用一定的方法将帝王的名字隐去，以彰显其独一无二的尊贵。他在这篇论文当中将敦煌文献中的避讳字分为三种：缺笔、换字、改形。②

在这三种类型当中，"换字"类的避讳字虽然同样蕴含着体现尊崇的寓意，但由于并未形成新字，因此无从讨论。而"缺笔"和"改形"均引起了字形结构的变化，形成了专门避讳以体现尊贵意味的新字。这种缺笔、改形行为体现了帝王的无上权威以及臣民对帝王尊崇地位的敬畏，因此使新字形带有极其强烈的专义，这类的用字应当归入专字的范畴。例如：

【𠯑】

"𠯑"即"民"字，书写者为避唐太宗李世民讳，故缺笔让它形成专字，见于敦煌文献 P·2536《春秋谷梁经传集解》中的"古之君𠯑者，必时视𠯑之所勤"。

---

① 列维·布留尔.原始思维[M].北京:商务印书馆. 1985(1).

② 窦怀永.敦煌文献避讳字研究[D].杭州:浙江大学人文学院. 2007.

【丙】

"丙"即"丙"字，书写者因避唐世祖李昺讳，故而让它缺笔形成专字，如敦煌文献 P·2536《春秋谷梁经传集解》中的"秋，七月，丙申，及齐高傒盟于防"。

以上二例属于缺笔避讳字。敦煌文献中诸如此类的字形还有很多，如"治""淵"等等都是为避君王名讳而缺笔的字。

【云】

"云"本为"世"字，书写者因避唐太宗李世民讳，改换"世"为"云"，使之成为一个体现帝王尊崇地位的专字。

【貪】

"貪"本作"贳"，书写者因避唐太宗李世民讳，改换"贳"的"世"为"云"，使之变成"貪"字，成为专字。

以上二例属于改形避讳字，诸如此类的改形避讳字还有很多，单单因避唐太宗李世民之讳，敦煌文献中的"牒""叶""绁"等均被书写者改"世"为"云"，成为体现某一位帝王尊崇地位的专字。

2. 以"武周新字"为代表的"寓意字"

就我们整理研究的敦煌文字来看，属于"寓意字"的专字主要就是武周时期武则天出于深远的政治考虑而创造的一部分"新字"。之所以称之为"寓意字"，是因为造字者（武则天）在创造这些新字时，不但是用这些新字取代了原字形的表意功能，更是赋予了这些字以各种各样特殊的寓意。例如：

【𡕀】【𡮉】

此二字见于敦煌文献 P·2806《太玄真一本际经·卷四》中的"𡕀𡮉元年闰二月廿九日，神泉观师泛思庄发心敬写，奉为一切法界苍生同会此福"。"𡕀""𡮉"本为"证""圣"，二字组合在一起即武则天的年号"证圣"，历时 10 个月，由公元 695 年正月至九月。故此我们将其放在一起讨论。

很显然，武则天将"证""圣"二字改成"𡕀""𡮉"，是有着非常深刻的政治寓意的。"𡕀"可以看作由四个部分组成，分别为"永""主""人""王"，寓意武则天能够长久地统治天下，帝业永祚。"𡮉"字则由"长""正"（"𠙺"即"正"字，同样是武周时期改易的新字）"主"三部分组成，也同样寓意武则天能够成为天下永远的"正主"。

【稬】

"稬"即"授"字，乃是武则天于天授元年改换的新字。"稬"字由四部分组成："禾""久""天""王"，取意"天赐嘉禾，久为君王"之义，是一个带有深远政治寓意的专字。

【𢘑】

"𢘑"即"臣"字，如《妙法莲华经·序品第一》"宫殿悉妾"等等。从字形来看，"悉"应当是由"一"和"忠"两部分组成，寓意为臣者应该从一而终，忠于君主。透过这个字，我们可以看到武则天对"为臣者"的一种理解，也可以认为是她对臣下的一种期望。由于"悉"字被赋予了深刻的寓意，因此我们应该把它看作一个专字。

武周新字从字用的角度来看，是在武周这一短暂的历史时期暂时性地取代了原来的字形，代替原来的字形发挥表意的功能。但从文化内涵的角度看，武周新字的外延似乎不仅仅是新旧字形的更替，其所蕴含的深远政治意图和统治者的深刻寓意必然使得这一批字有别于一般的汉字，而具有强烈的专字性质。事实上，武周新字通行的范围和年代都非常有限，不但武周时期民间写手照旧阳奉阴违地沿用原有的字形，而且复唐之后这些新字也几乎全部被人们废除不用（除"曌"字作为人名专字无法被淘汰之外）。于是这些所谓"新字"更是彻底变成了专门体现武则天政治寓意的专字。

第三节 当今社会流行的专字

本文对汉字专字的收集整理，始于殷商时期甲骨文中的专字，止于当今社会中仍然流行的专字，汉字发展过程中相对重要的几个时期，如金文时期、战国文字时期、汉魏六朝时期以及唐五代时期的专字也都在我们的整理范围之内。

可以注意到，我们的整理和研究存在一段比较长的"断档期"，那就是宋元以迄明清这一段时期。这是因为自宋代以后，社会大一统的时间比较长，楷书的地位得到空前的巩固和加强，版刻技术的发明和推广以及科举取士制度发挥了强大的书体规范作用，创造专字的机会越来越少。

但是，这种情况在进入现代社会以后发生了巨大的变化。社会发展变化的速度越来越快，几乎每天都有大量的新概念、新事物在产生。面对着新兴事物数量级式的增长，我们的文字系统的表义功能再一次面临巨大的考验。另一方面，随着全新的文字载体和传播媒介的出现，文字不再只是传统的毛笔书写的白纸黑字，而是随着计算机和网络延伸到了一个全新的空间。全新的平台和全新的用途给专字提供了焕发新春的温床，大量用于表示新事件、新概念和特殊寓意的专字被创造出来，并凭借全新的媒介流行和传播。

根据我们的收集整理，现代社会流行的专字主要有以下几个主要来源：一是千奇百怪的网络字；二是体现特殊寓意的"民俗字"；三是别出心裁创造的广告用字；四是为一些进入现代社会才出现的事物专造的字，如一些行业专用字、科学概念专用字等等。

网络字是近二十年兴起的一种特殊字用现象。网络时代多元而宽松的环境催生了一大批让人"脑洞大开"的新字。这些新字中有很多就具有明显的专字性质。网络字的创造者和使用者有一个突出的特点，那就是普遍年轻化。年轻人的字用习惯比较开放，不会墨守陈规，在网络平台上使用文字也相对自由，不需要受传统印刷物规范用字要求的限制。在这种环境下，大量专门为重要时事、网络热点事件以及网络常用概念而造的专字就应运而生了。如网友专为"成龙霸王广告"而造的专字"甏"（读为"duāng"）[1]、2013年两会期间专为反映"贪官倚仗权势凌驾于法律之上"而造的专字"淦"（人在法上）、为了体现网游战队无所畏惧的精神风貌的专字"烎"[2]以及专为时下在网络上被广泛提及的一个社会阶层"草根"而造的专字"薠"等等。

所谓"民俗字"，是指民间写手为了体现某一特殊的寓意而创造的字。这类字既不是字书词典中的正体字、规范字，也不同于文字学概念中的"俗字"。"民俗字"在语符层面并没有明确的表义职能，但却通过自己特殊的构型体现着特殊的民俗意趣，折射出我国丰富多彩的传统民俗文化。例如，专为体现"一帆风顺"的寓意而造的专字"䡄"、专为体现"生意兴隆"的寓意而造的专字"䞗"以及最常见的表示"福到了"的"𣎴"（倒福字）等等均可以视为"民俗字"。这些"民俗字"多用毛笔写成大红斗方或对联，逢年过节时张贴在家家户户的大门口，极富民俗趣味。

---

① 2004年，成龙代言某洗发水，但该产品后被工商部打假。"甏"是专为恶搞成龙广告视频形成的专字。

② 2009年联想IEST大师赛中出现了一只名为"烎队"的比赛队伍，向某冠军团队"开火宣战"，并且凭借着大无畏的精神打出了一场经典的比赛。

　　一些为了吸引消费者的眼球而别出心裁创造的广告字、招牌字也具有专字的性质。这其中最为人们所熟知的当属"䴛䴛面"中的"䴛"字。类似的例子还有专为"油泼辣子"造的专字"灢"、专为"锅盔"而造的专字"鑸"等等。

　　在当今社会流行的专字中，还有一部分是专用于表示行业术语或科学概念的专用字。随着社会的蓬勃发展，新事物、新概念在近现代社会爆炸式的增长对古老的汉字系统的表义功能提出了严峻的考验。尽管现在的人们已经充分认识到保持文字系统经济性的重要性，不再通过滥造新字的方式来指称不断出现的新概念，但这种情况并不是绝对的，很多时候为了方便书写或避免歧义的发生，人们还是会为各行各业新产生的新事物、新概念创造专字来专门指称。例如，建筑行业的专用字"砼"（专用于表示"混凝土"）、口腔科的专用字"𬌗"（表示"咬合"）、化学气体专用字"氧""氮""氦"等等，均属于此类。

　　除了上述四类专字之外，各大名胜古迹上的一些富有意趣的匾额用字、对联用字或名人题字也具有专字的性质。这些字并不全是在进入现代社会以后才书写的，大多属于明清时期的作品，偶尔也有更早时期的遗迹。但由于这些字迹一直保留至今并且不断地被现代人品玩传播、研究讨论，因此我们也将其放在这一节当中一并论述。

一、表示名物的专字

【砼】

"砼"是专用于表示"混凝土"的专字，由著名的结构学家蔡方荫教授于1953年首创。由于当时的教学条件比较落后，学生上课听讲全靠记笔记，而"混凝土"作为非常常用的概念，三字加起来共有三十笔，给笔记记录增添了很大的负担。于是蔡方荫教授大胆地采用"人工石"三字代替了"混凝土"，继而又将"人工石"拼合成了"砼"，让它成为专门表示"混凝土"的专字，大大节省了抄写的时间。[①]

【酯】【烃】【烷】

这是一组化学专用字，"酯"指的是酸（羧酸或无机含氧酸）与醇起反应生成的一类有机化合物。因与"醇"有关，故从"酉"，又因油脂属于酯类，故而从"旨"。"烃"是表示"氢碳化合物"的专字，从"火"提示其可燃性，"圣"表示含"氢"化合物。"烷"即"饱和烃"，因其碳原子的化合价"完全"被氢原子所饱和，故而从"完"。[②]

【鏆】【𱥽】

这是一组专门表示陕西特色美食的专字。"鏆"是"锅

---

①　李蔚,傅彬.环境艺术装饰材料与构造[M].北京:北京大学出版社,2010:119.

②　潘民华.几组化学专用字词之由来[Z/OL].中学化学资料网,2012-9 [2019-5].http://www.e-huaxue.com/file9/30308896.htm

盉"二字合文形成的专门表示陕西传统面食"锅盔"的专字，"灒"是"油泼辣子"四字合文形成的专门表示另一种陕西著名特色美食"油泼辣子"的专字。陕西当地的艺术家为了表示对这些极具地方特色的传统美食的重视和喜爱，利用合文的方式创造了上述专字。①

【𡍄】【𡘜】【𧉟】【𣈲】

这一组字来自于一个名为"二十四节气创意造字设计欣赏"的网页。② 在这份设计当中，造字者很巧妙地利用合文的方式将中国传统的二十四个节气浓缩成了二十四个字。造字者把原来需要两个字符组合表示的意义现在浓缩成一个字形来专门表示，也赋予了这些新字以专字的性质。上举字例仅仅是这一份"二十四节气创意字"的一小部分，分别表示"立春""雨水""惊蛰""春分"，其余节气的专字可以参看脚注中的网页。

【葆】

这是一个专门表示"草根"的专字。"草根"是近几年兴起的一个概念，根据百度百科的解释，"草根"一词直译自英文的 grass roots，有两层含义：一是指同政府或决策者相对的势力；另一种含义是指同主流、精英文化或精英阶层相对应的弱势阶层。所以"草根文化"也就是平民文化，大

---

① 王和平.王和平书法的博客[Z/OL].新浪博客,2011-5-9 [2019-5]. http://blog.sina.com.cn/s/blog_7c9947e10100reqx.html.

② 素材公社·品牌美学馆.廿四节气创意造字设计欣赏[Z/OL].2015-9-6 [2019-5]. http://www.tooopen.com/work/view/67232.html.

众文化等等。从各种文章来看，实际应用中的"草根文化"的含义远比以上的解释来得丰富，其抽象意义远大于其字面含义。由于"草根"这一概念的使用频次非常高，因此网络上形成了"菞"这样一个专字来专门指称"草根"这一概念。

【䔿】

"䔿"字在现代书法作品当中经常见到，特别是一些茶庄当中多悬挂此字。"䔿"字是由"禅""茶""味"三字拼合而成。我们所见的书法作品中还附有对此字的注解——"自古禅茶原一味，香茶韵里悟禅机"。"䔿"作为一个创意字，将"禅""茶""味"巧妙地融合成一个字，并且体现了"禅茶一味"的特殊哲学思想，是一个寓意深远的专字。

【豪】【䜆】

"豪"是专门表示"土豪"的专字。"土豪"一词原指在乡里凭借财势横行霸道的坏人，如土改和革命时期的"打土豪，分田地"等等。这个字后在网络游戏中引申为舍得花大钱的人民币玩家，现在用于调侃那些有钱又很喜欢炫耀的人，尤其是通过装穷来炫耀自己有钱的人。[①] 这里的专字"豪"主要是为引申出来的意义而造，具有强烈的戏谑意味，与"打土豪，分田地"之"土豪"关系不大。

---

① 总政治部宣传部.网络新词语选编(2013)[M].北京:解放军出版社,2014:177.

【囍】

与"豪"相同，"囍"同样是一个专为网络热门概念而造的专字。"囍"字由"高""富""帅"三字拼合而成，其中"富"字简省了下半部分。从"囍"字的构型很容易看出，这是一个专门表示"高富帅"的专字。作为一个网络常用词，"高富帅"用于指称那些高大帅气且拥有一定财富的男性，与"屌丝""挫矮穷"等相对。①

二、表示动作的专字

【𬌗】

"𬌗"字是口腔科专用字，专用于表示"咬合"之义。所谓"咬合"，指的是咀嚼器官在完成功能时，上下牙咀嚼面的接触关系与动态。"𬌗"字在口腔科中使用广泛，并且作为语素与其他字组成新的专业词语，如"𬌗力"（指个别牙或部分牙所能发挥的实际咀嚼力量）、"𬌗垫"（指置于上下颌牙列间的一种治疗性矫治器）等等。②

【圔】

"圔"是专门表示"同意"的专字，网上调侃式地称其为"领导专用字"。因为"同意"是领导签署文件时比较常用的词汇之一，因此网友创造专字以专门指称。当然，"圔"带有明显的玩笑意味，或许反映了一定的社会现实，但恐

①　总政治部宣传部.网络新词语选编(2013)[M].北京:解放军出版社,2014:5.

②　刘琨翔,黄华,王芬.实用临床口腔医学词汇[M].昆明.云南科学技术出版社,2006:217.

怕不具有实际的字用功能。

【访】

这是一个专门表示"上访"的专字。上访是民众表达述求的一种方式，指的是群众越过底层相关国家机关到上级机关反映问题并寻求解决的一种途径。上访制度古已有之，但随着我国公民维权意识的日益增强以及人民政府对信访制度的日益重视，上访问题在近几年成了备受社会关注的热点问题。专字"访"的创造不仅充分反映了人们对上访问题的重视和关注，还折射出与群众上访有关的许许多多备受争议的社会问题。

【炭】

《集韵》所收的"炭"字，意为"光明"，读为"yín"，与这里介绍的"炭"字同形但不同字。这里所说的"炭"字是专门表示"开火"的专字，形容一个人的斗志昂扬，也用作动词，表示"秒杀""虐杀"等意思。这是一个由游戏玩家创造的专字，用法如"中国人从此炭起来了""炭你就像碾一只蚂蚁！""男人，重要的不是帅，是炭！"等等。①

【迈】

这是一个专门表示"办卡返现"的专字。现在的一些商家，为了尽可能地拉拢客户，推出了"办会员卡立返若干金

---

① 总政治部宣传部.网络新词语选编(2012)[M].北京:解放军出版社,2013:198.

额现金"的活动。"边"字就是专门为这样的活动而造的专字，有的商家将其作为广告用字来吸引消费者的眼球。

三、表示超语符意义的专字

【帆】

"帆"字一望而知是由"一""帆""风""顺"四字拼合而成的专字，专门表示"一帆风顺"的意义。作为一个寓意美好的"民俗字"，"帆"在社会上流传度极高，许多家庭都在客厅当中悬挂写有"帆"字的书法作品。

【兴】

与"帆"字相似，"兴"字同样是一个寓意美好的民俗字。"兴"字由"生""意""兴"（兴）"隆"四字组合而成，但出于字形结构的考虑，造字者在形成"兴"字时做了巧妙的组合和简省，用"隆"字的左半边替代了"兴"（兴）字的左上部分，又因为"隆"字的右下部分为"生"而省写了一个"生"字。通过这样的调整，使得"兴"字的字形非常紧凑合理，并且使人可以很容易地看出这是一个专门表示"生意兴隆"的专字。"兴"字在许多商店当中被作为书法作品悬挂，体现了商家对自己生意的美好期盼。

【虫】【虫】【二】

"虫""二"二字见于泰山上的一个摩崖石刻，为清光绪二十五年历下才子刘廷桂所题，是泰山七十二景之一。杭州西湖边上的"无边风月亭"也有类似的碑刻，题为"虫二"，相传为乾隆皇帝所题。实际上，无论是"虫二"还是

"虫二"，其意义都不在字面上，而必须由读者通过这几个字特殊的构型去细细地玩味。从字形上看，"二"字可以视为"月"字去掉了外面的"冂"，"虫"或"虫"可以视为"風"字去掉了外面的"几"。"風""月"二字去掉了外面的部分，寓意"无边风月"，形容当地的风光秀丽，美不胜收。从这个意义上说，"虫"（虫）"二"是专为体现某种特殊意趣而造的专字，不能视为日常使用的"虫子"之"虫"、"一二"之"二"。这两个字例虽然出自清代人之手，但至今仍然呈现在中外游客面前，其背后的趣味故事依旧广为流传，因此我们将其放在本节当中一并讨论。

【在】【流】

"在""流"二字出自江苏扬州大明寺的平山堂正堂左边的匾额。匾额的内容为"风流宛在"，出自光绪初年两江总督刘坤一之手。据说是刘坤一为追念曾在扬州主政的宋代文豪欧阳修而作。但耐人寻味的是，刘坤一在题写这一匾额时，将"流"字少写了一点，变成"流"，又将"在"字多写了一点，变成了"在"。许多人将其视为"在"和"流"的讹写，而事实上刘坤一这样书写是有其深意的。据传，欧阳修在扬州主政期间因遭到朝廷贬斥而醉心于山水燕游，留下许多风流往事。刘坤一在为欧阳修所筑的平山堂题写匾额时有意这样书写，意思是"多一点实在（在），少一点风流（流）"。因此，"在""流"二字蕴含着追忆往事、警醒后人的特殊寓意，具有专字的性质。

【𥝈】

中国人习惯在过年时将"福"字贴在门口，以表达自己对幸福的美好期望。据传，古时候某个大户人家的家丁因为目不识丁而将"福"字倒贴，又将错就错地将其解释为"福到（倒）了"，从而让它形成了一个具有特殊寓意的专字"𥝈"。专字"𥝈"在语符层面所表示的意义与一般的"福"字并无二致，但同时还蕴含着一层言外之意——"福到了"。

【丫】

"丫"字的性质与上面的"𥝈"字类似，同样是将原字符旋转了180°形成的专字。"丫"字过去经常被用在寻人启事当中，通过其特殊的构型，寓意"人找到（倒）了"

【𰻝】

"𰻝"字被称为笔画多结构最复杂的汉字，读音为"biáng"，专用于"𰻝𰻝面"一词当中。"𰻝𰻝面"是著名的陕西关中传统风味面食，"biáng"是一个象声词，是用力扯面时面条击打案板的声音。最早，"biáng biáng 面"之"biáng"仅存在于当地人的口语当中，没有对应的汉字可以表示。后来人们才专门为"biáng"这个声音造了"𰻝"字。

相传，"𰻝"字的创造还有这样一段故事：一个穷困潦倒的秀才路过咸阳，饥肠辘辘的他在一个面馆吃了一碗"biáng biáng 面"而无法付钱。于是他与店主人商量，若能写出"biáng biáng 面"之"biáng"字，店主人就免去这一碗面钱。在经过店主人同意之后，这位书生创造性地凭空创造了"**遍**"字。在书写"**遍**"字的过程中，书生还留下了关于"**遍**"字构型的一段顺口溜"一点飞上天，黄河两边弯；八字大张口，言字往里走，左一扭，右一扭；西一长，东一长，中间夹个马大王；心字底，月字旁，留个勾搭挂麻糖；推着车车进咸阳。"

从此，"**遍**"字就成了"biáng biáng 面"之"biáng"的固定写法，并且因为其特殊的寓意和背后的故事而成为一个专字。

四、反映社会热点事件的专字

反映社会热点事件的专字在当今社会流行的专字中占有很大比重，同时也是这个时期专字最不同于以往各个时期专字的地方。将社会中发生的热点事件浓缩成一个专字，既能够用最为经济便捷的方式记录事件，又能够通过特殊的字形来吸引人们的关注，是一种极为巧妙的字用手段。

【**霎**】【**鞍**】【**壐**】

上面所举的三个字例均是针对一个广告事件而造的专字。2004 年，成龙代言某品牌的洗发水，但该产品后被工商部打假。"**霎**""**鞍**""**壐**"三个字分别由两个字拼合而成，其中"**霎**"和"**壐**"分别由广告代言人和商品的名字拼合而成，"**鞍**"则是整个广告视频中使用频率极高的一个关键词——"特技"的拼合形式。但这些字既不是简单的双字词的合文形式，也不简单表示代言人的名字、产

品的名称或广告视频中的关键词。造字者颇具幽默感地赋
予这些字以一个共同的读音"duāng"，并利用这些字来指
称同一个社会热点事件——成龙洗发水广告事件。因此，
我们可以将"甓""鼗""壟"三字视为专为特定热点事
件而造的专字。

【养】【焭】

这是 2013 年两会期间南都网专为两会热点讨论的"养老
问题"而造的专字。造字者对这个字做了如下解说："养老
金双轨制的社会裂痕尚未弥合，老龄化时代逼近更叫人心焦
如焚、如坐针毡，加之宏观经济低潮、'失独'群体增加等
影响，中国人似乎从未如此忧虑老无所依。"①

"养"字是反映"养老金双规制"的专字。作为计划经
济时期的一种特殊产物，企业养老金的社会化管理和机关事
业单位养老金的单位化管理存在着很大的差距。这种差距直
接关系到不同工作性质退休人员退休养老的待遇问题。"养
"字在"养老"之"养"的字形基础上故意缩短了右下部分
"丨"的长度，形成了一个下半部分明显一长一短的"养"
字，以此来隐喻养老金双轨制所带来的不公平待遇。

"焭"字的造义则相对容易理解，在"养老"之"老"
的字形下再添加一个"火"，充分体现出在面对退休养老问

---

① 看2013年两会的新造字[Z/OL].南都网,2013–3–12 [2019–5].
https://th.hujiang.com/new/p456035/.

题时人们的焦急心态，用造字者的话说，就是"心急如焚，如坐针毡"。

【费】

这是一个在"费"字的字形基础上添加了"刀"形成的专字。造字者创造这个字是为了反映当前社会城市管理中一个非常突出的问题——"收费问题"。目前的城市管理正陷入一个怪圈：管理者简单粗暴地采用收费的方法来解决交通拥堵、环境污染等各种问题，从而引发了"限制收费——短暂缓解——需求猛增——供给不足——更多限制或收费"的恶性循环。相比于"收费"的"费"字，"费"字依然表示与"收费"相关的意思，但所增添的"刀"体现了老百姓对收费问题的担忧和恐惧。造字者在创造"费"字时解释说："与税相比，"费"往往名目更繁多、设立更随意、征收更粗暴。面对城市管理中各种难题，"增负"或可缓解一时之急，却似一把扎向民心的'利刃'。"①

【糖】

这是一个专为几年前走红网络的"糖葫芦西施"而造的专字。一位来自河南安阳的 19 岁女生，在西安交大的校园门口卖糖葫芦，在不足一年的时间内迅速走红西安交大校园。"糖"字是一位西安交大的学生专为这件事而造的专字。

---

① 看2013年两会的新造字[Z/OL].南都网,2013-3-12 [2019-5]. https://th.hujiang.com/new/p456035/.

"糍"字的字形大致是是以"糖"字的字形为基础的，为了体现所要表示的专义，造字者对"糖"字的字形做了一定程度的改造。残存的"糖"表示"糖葫芦"；"糍"字的左下部分改换的"钝"是"西施"之"施"的右半边，表示"西施"；"糍"字将"糖"字左边"米"旁的三个点换成了"口"，使得"米"旁看起来像是一支插满糖葫芦的草把子。造字者通过这样的方法，使对"糖葫芦西施"的事迹有所了解的人一望而知这个字是专门表示"糖葫芦西施"的专字。

第五章　各个时期专字特点

　　在这个章节中，我们重点讨论各个时期专字的不同特点。通过前面章节的介绍，我们对于各个时期专字的具体面貌已经有了一个大致的印象。不同时期的专字在表义、构型、功能等方面都有很大的差异。这种差异一方面是由于汉字系统处在不断的发展进步当中，另一方面也与具体时期的社会文化特征密切相关。但我们必须认识到，专字的发展变化是一个渐变的过程，不同时期专字的特点和差异绝不会像文字学著作上的时代划分那样清晰明确。我们虽然在前面的章节中按照文字学上的传统分法对甲骨文、金文等各个时期的专字进行了分别介绍，但谈及专字特点的时候，时代的切分恐怕还要进一步放宽。

　　就我们所收集整理的专字情况来看，大致以"古文字时期"和"今文字时期"作为划分的界线来分析专字的特点是基本可行的。"古文字时期的专字"包括了甲骨文中的专字、西周春秋金文中的专字以及战国文字中的专字（含秦系文字）；"今文字时期的专字"则是指隶楷时期文字中的专字。这样的划分既符合汉字发展的特点，也与社会文化的发展脉络大致相符——无论是文字还是社会文化均在有秦一代实现了统一。

除此之外，我们还专门开辟了一个小节来讨论当今社会中流行专字的一些特点。虽然从文字学的角度看，当今社会流行的专字也应当归于"今文字时期的专字"的范畴，但从字用的角度来看，由于社会文化日新月异的变化，这些专字的功能和用法相比于之前任何时期的专字都太过特别，使得我们不得不利用一定的篇幅来进行专门讨论。

第一节　古文字时期专字的特点

学界一般将秦以前的文字称为古文字。虽然文字的演变绝非一朝一夕之功，但相比于以隶楷文字为代表的今文字，字形结构不固定、文字表义职能的划分不够明晰的确是古文字的整体特征。与之相应的，古文字时期的专字也整体上呈现出一些比较突出的特点。

一、很多专字是"随文改字"原始文字现象的产物

虽然很多学者一再强调，甲骨文已经是一种相当成熟的文字形态，但实际上在甲骨文、金文甚至是战国时期的文字中，都还存在着很多原始文字的孑遗。这个时期的文字体系也远未达到完全成熟的境地。这种特点在这个时期的专字中表现得尤为突出。古文字时期的很多专字形成于一种"随文改字"的原始文字现象，这在一定程度上体现了这个时期文字的原始性。

　　刘钊先生在《古文字构型学》一书中对甲骨文专字"随文改字"的原始性做过精辟的论述。他认为，专字是文字较为原始的一种表现。由于古文字时期，文字还处在形体不固定、异体字众多的原始时代，因此容易出现"随文改字"的现象。文字的书写者在书写过程中，很容易根据所记叙的具体内容对所写的字进行一些与所表达意义相对应的改造。他在文章中列举了分别表示不同种类祭祀牺牲的"🐏"（牢）、"🐏"（窜）、"🐏"（寫）作为例子。[①]

　　所谓"随文改字"，本是指根据具体文义而临时改变文字的结构形体，使之更加贴合具体文义。但具体到古文字时期特别是甲骨文时期专字的讨论，"随文改字"则有更加特别的含义。

　　我们在谈及专字的成因时，经常说某专字是根据具体文义而临时改易结构形成。这实际上就隐含着这样一层意思：在专字生成之前，存在着某一个通行汉字，用于概括性地表示该专字的意义。专字则是在这样一个对应原字符的形义基础上通过各种造字方法形成的新字。相比于这个原字符，专字的意义更具有专指性，且专字的形义与原字符密切相关。如果我们称这样的专字为"随文改字"，那这里的"改"指的是在原字符的形义基础所进行的改造。

　　对于古文字时期的部分专字而言，所谓的"随文改字"则是指根据文本中临时产生的意义而改用不同的字符。特别

---

① 刘钊.古文字构形学[M].福州:福建人民出版社,2006:64.

是在甲骨文时期，对于很多概念而言，本就不存在一个固定用于表示该概念的通行字符，具体的字用过程中，造字者完全是根据文义而临时创造专字来指称。甲骨文中的此类专字极为泛滥，给人们的辨认和运用增添了极大的困难。这种现象虽然随着时代的发展而逐渐减少，但一直到战国文字时期依然偶有发现。

例如，表示不同性别、不同种类动物的"骓""羒""𪊨""𪉗"等专字形成的时候，实际上社会上并不存在某两个通行汉字足以概括性地指称不同种类动物的性别（这个时期的"牡""牝"和"骓""羒"等字一样，是专门表示某一种类雌性或雄性动物的专字）。当遇到需要表示某一种类的雌性或雄性动物时，书写者就临时根据文义改换上一个形义相符的字符上去。这种"随文改字"的方法用得多了，就形成了一大批表示不同种类的雌性或雄性动物的专字。此类现象的存在，说明这个时期的文字系统还很不健全。因为一个成熟的文字系统的标准是运用有限的文字单位来实现近乎无限的表义功能。文字数量难以确定，随具体文义而不断产生新的专字，是原始文字的一种典型表现。

古文字时期此种类型的专字数量很多，除上述几个字例之外，甲骨文中表示田猎捕捉到的不同猎物的专字"罳""罺""罹""麗"，表示"掘地掩埋的具体祭祀用牲"的"凼""凷""肉""函"，"沉祭"中表示投入水中的不同祭品的专字"𡿪"（沉牛）"𡿨"（沉羊）"𡿨"

（沉玉）等等都是"随文改字"的产物。

　　这种随文改字的专字在古文字时期的专字中占有一定的比例，特别是在甲骨文专字中，由于缺乏能够概括性地表示同类意义的通行字符，而每一次随文产生的意义又往往有着细微的差别，因此这样的专字可以被源源不断地创造出来，数量实际上难以准确统计。金文由于记叙内容的特殊性，此类专字发现得较少，而战国文字中这类专字却又大量存在，如表示具体动物性别的"麀"（新甲三·二五一）"馳"（曾一六〇）"豼"（包二·八〇）、表示不同种类的黑色家畜的"豠"（包二·二〇七）"羺"（包二·二〇二）"駐"（曾一四二）等等依然在被使用。

二、专字所表示的专义一般比较简单

　　古文字时期的专字所表示的专义大都比较简单，谈不上太多的深意，主要用于指称某一具体名物、动作或事物的某种性状。例如，甲骨文专字"牢""宰"表示不同种类的祭祀用牲；金文专字"鉶""鈑"表示金属材质的"缶"和"盘"；战国时期的专字"緢""韜"表示不同材质的"帽子"，而专字"寊"和"賮"则表示"丢失"和"持有"的具体对象（贝）。这些专字的表义功能与同时期文字系统中的一般通行字并没有太大的区别，只不过更加具体和具有专指性罢了。

　　从我们收集整理的古文字时期专字情况来看，甲骨文中的专字绝大多数用于表示某一具体名物或动作；金文中的专字也以表示具体名物或动作的字为多；战国时期的专字中，出现了有限几个用于体现某种特殊寓意的专字，但其余大部分专字的意义也都局限于指称具体事物、动作或事物的某种性状。

这说明这个时期人们对专字的使用还停留在比较低的层次，之所以会有这么多数量的专字存在，无非是由于两方面的原因：一是文字系统中表义职能明确的常备汉字数量较少，很多临时产生的意义一时找不到恰当的字符予以表示；二是人们对于事物的概念范畴还缺乏非常明晰的划分，尚未建立起文字符号和范畴概念的科学对应关系。这样的情况在甲骨文时期最为严重，随着时代的发展，由金文时期到战国文字时期逐渐得到改善。到了以隶楷文字为主的今文字时期，这种现象基本消失，表示简单意义的专字也大幅度减少。

三、从功能上看，古文字时期的专字主要充当文字系统的"补丁"

专字作为一种特殊的汉字，其功能也和一般的汉字有所不同。从各个时期专字的整体情况来看，一部分专字的功能在于弥补同时期文字系统功能上的缺陷，起到一种"补丁"的作用；另一部分专字则不为弥补文字系统的功能缺陷而造，其价值在于突破文字系统的常规表义功能，体现语言之外的特殊意义。当然，除此之外还有一部分专字，虽然体现了某种专义，但从文字功能上看并没有什么实用性，既不能弥补文字系统表义的不足，也没有体现出什么超乎于语言文字之外的意义。

在古文字时期的专字中，上述这三种类型的专字也都或多或少存在，但主要是以具有较强实用性的"补丁"型专字为主。我们在前文已经反复强调，古文字时期的文字系统实际上并不很完善，在指称近乎无限的概念和意义时还存在很多功能上的缺陷。这种缺陷主要体现在两个方面：一是对于一些概念而言文字系统找不到恰当的字符来承担表义职能；二是文字系统中的现有字符的职能分工存在一定程度的混乱情况。除此之外，古文字时期也正是汉语单音节词占绝对优势的时期，一个字符要承担记录一个词的职能，而由于一个字符往往具有多种意义，因此人们有时候难以确定一个字符究竟对应哪一个词，具体指称什么概念。正因为有上述诸多问题，这个时期专字的主要功能就是充当文字系统"补丁"，弥补现有文字表义上的不足，因而具有较强的实用性。

例如，甲骨文时期的专字"牡""麀""牝"等虽然属于"随文改字"的原始文字孑遗，但从功能上看还是弥补了这个时期文字系统在表示"不同种类的雌性或雄性动物"这类意义上的缺陷。尽管这种弥补造成了专字的泛滥，实际效果差强人意，但这些专字也的的确确是起到了"补丁"的作用，从功能上体现出了一定的实用性。

金文中的"丧"字既表示"丧亡、亡失"义，又借作"爽"字，用于"昧爽"一词当中，职能分工实际上比较混乱，因此金文中出现了专字"矈"，取代了"丧"字用作"昧爽"之"爽"的职能。这样的专字实际上也是弥补了同时期文字系统的缺陷，具有一定的实用性。

战国时期的专字"龣""龡""龎"等作为表示音律名的专字，避免了因原字符"归""变""穆"原本具有的表义职能而产生的误读；"禁""裇"等专字通过增添"示"符的方式来指称"路神"和"厕神"，避免了单个字符"行"和"舍"既要承担表示"道路"和"马厩"的职能，又要兼表与之相关的神明的困难，同样具有较强的实用性，弥补了当时文字体系的不足。

随着文字系统的发展以及多音节词的逐渐增加，文字系统的表义功能逐渐完善。尤其是到近现代时期，诸如"缺乏表示某一特定意义的恰当字符""字符表义职能分工混乱""单字符具有多重意义，难以准确对应到具体词"等文字系统的"痼疾"得到了很好的解决，专字的"补丁"作用不再明显，实用性也逐渐降低。体现某一专义，但不具备实用功能的专字数量逐渐增多，与古文字时期的专字面貌有了很大的不同。

四、古文字时期存在一类特有的专字——女化字

古文字时期的专字中存在一类特殊的专字——女化字。这些专字通过添加"女"旁的方式形成新字，用于表示某一

位女性的姓氏或名字。一般来说，姓名用字都有其本来的意义，只在特定的语境中用为人的姓名。而女化字实际上是书写者取消了原字符表示其他意义的功能，使之成为专门表示女性姓氏名字的专字。女化字所添加的"女"旁实际上起到了两方面的作用：一是限制原字符的表义功能，使之专门表示姓名；二是提示了该姓名所指称对象的性别——女性。

女化字专用为指称某一位女性的专字，反映了这个时期社会种姓制度的一种特殊风貌。因此，"女化字"并不仅仅具有汉字学上的意义，对于研究商周时期的社会文化也有相当的价值。通过特殊的构型来表示某一专门意义（通常也是相对重要的意义）的专字，往往能够折射出特定时期的社会文化特点，这也是专字具有多领域研究价值的体现。"女化字"作为一种特殊的专字，在古文字时期广泛存在。随着历史的发展，"女化字"最终在汉字体系中逐渐消失，在隶楷时期的文字中，我们已经没有发现这类专字的身影（古文字时期的女化字作为字形或有保存下来，但专义已经彻底丢失）。这种演变也与社会文化的发展密切相关。

五、从甲骨文到金文再到战国文字时期，专字的面貌有明显的变化

从整体上看，古文字时期的专字大致呈现出一定的特点。这些特点足以使我们将其与今文字时期的专字区别开来。但如果将观察的视角进一步细化，则可以发现虽然同为

古文字时期的专字，从甲骨文到金文再到战国文字时期，专字的面貌还是呈现出比较明显的变化。

从专字所表示的意义来看，目前我们所收集的甲骨文专字仅限于表示某一特定名物或动作，尚未发现表示其他类型意义的专字。而到了西周金文时期，除表示名物或动作的专字外，还发现了少量用于表示事物性状的专字。战国时期的专字中，表示特定名物、动作的专字数量很多，表示事物的某种特殊性状的专字也较更早时期为多。除此之外，我们还发现一些具有数量词性质的专字以及专门用于体现某种特殊寓意的专字。有关这些专字的具体情况，我们在前面的章节已经做过相对详细的介绍，这里不再赘述。

从专字所记录的具体内容来看，甲骨文中表示祭祀、战争、田猎以及农牧业生产的专字特别多。如表示祭祀的专字有"祊"（"升祭"专字）、"禩"（"典用"专字）等等；表示祭祀活动中具体使用的牺牲或祭品的有"囟"（薶祭用女）、"囟"（薶祭用羊）、"宰"（用为牺牲的羊）、"寫"（用为牺牲的马）等等；反映田猎的专字有"彘"（捕豕）、"羆"（网熊）、"窜"（陷兕）等等；表示与农牧业相关意义的甲骨文专字也有"莠"（刈草）、"秅"（刈禾）、"牧"（牧牛）、"羺"（牧羊）等等。我们通过简单的统计发现，表示这几类意义的专字数量几乎达到了整个甲骨文专字总数的一半。

金文时期的专字中也保留了一些有关祭祀以及祖先神

明的内容。例如，表示祭祀的专字有“禦”（专表“御祭”）、“禋”（专表“烧柴升烟以祭天”）等等，表示祭祀用品及牺牲的专字“宰”、“牢”等在这个时期也尚在使用。此外，诸如“⿰礻先”、“禝”等专字也均与祭祀先祖神明的意义相关。但从整体上看，金文专字所记录的内容相比于甲骨文时期要复杂丰富得多。金文专字所指称的概念不再局限于物质生产生活的方方面面，表示与精神文化生活有关意义的专字开始出现。例如，专字“⿰音昜”“謦”用于专门表示乐音的悠扬动听；专字“⿸㫃言”用于专门体现祭祀中虔诚的人们向祖先神明的祷告、祈求；专字“寿”字专门用于表示“长寿”义。此外，“玟”“珷”“⿰礻先”等字用于体现对帝王或祖先的尊崇，这种专字所体现的更是完完全全精神层面的意义。

由于材料丰富的缘故，战国时期的专字数量大大超过甲骨文和金文时期，因此所记录的内容也远比之前的时期丰富。从专字内容来看，战国时期专字的出现虽然晚于西周春秋时期专字，但其特点却与甲骨文时期的专字更接近。古文字时期专字所具有的原始文字特性在这个时期专字中体现得比金文专字更加充分。这种现象也许从另一个侧面说明我们目前所获得的西周春秋专字材料还太过贫乏和片面，恐不足以涵盖这个时期专字的全貌。

与甲骨文时期专字相似，战国时期的专字中体现了大量关于祭祀神明和祖先的内容，如“⿱彳示”（表示路神）、“⿱亼示”

（表示厕神）、"窊"（表示灶神）、"祢"（表示祖先）、"裳"（表示尝祭）等等都是有关祭祀祖先神明的专字。甲骨文专字中诸如"牝""狨""䮾""麠"等表示不同种类雌性或雄性动物的专字在战国时期的文字依然大量存在。除此之外，我们还在战国时期的专字中发现了其他专门表示具有某种特点的动物的专字，如专门表示"黑色牡羊""黑色牡马"以及"黑色牡猪"的"羘""騝"和"猪"等等。

除此之外，战国时期的专字也充分体现出不同于之前时期专字的特点。首先，战国时期专字所记录的内容反映了当时社会现实的方方面面。我们的收集整理虽然远未穷尽这个时期的所有专字，但所发现的专字已经涉及军事、祭祀、艺术、动植物、社会生产、日常生活、商业、历法、社会制度等方方面面。我们认为，专字的存在绝不仅仅是一种语言文字现象，它与社会文化的变迁有着密切的关系。研究专字虽然不是了解特定时期社会文化情况的最直接方法，但特定时期社会文化的重要方面一定会在专字当中得到体现。专字在战国时期社会文化各方面的内容中广泛存在，也从一个侧面说明这个时期社会文化的蓬勃发展。

战国时期专字的另一个突出特点是表示人特定心理状态的"从心"专字特别多。有关这方面的内容，陈伟武[1]、陈

---

① 陈伟武.新出楚系竹简中的专用字综义[M]//陈伟武.愈愚斋磨牙集.上海:中西书局,2014:221–234.

斯鹏[①]、庞朴[②]等先生都有专门的文章论述。如陈伟武先生在文章中介绍了专表"内心欲望"的"惢"、专表"内心顺从"的"愻"等专字；陈斯鹏先生的文章中则介绍了体现一种心态的"勇敢"之"勇"的专字"恿"、表示"坚决"义的专字"愿"等等。"从心"专字的大量出现体现出这个时期人们对人的思想和情绪的思考和重视。相比于甲骨文时期仅用于表示动物种类的简单专字，这些"从心"专字从意义上说无疑属于更高的层次。

第二节　隶楷时期专字的特点

在汉字的发展史上，隶书是一个非常关键的转折点。依照汉字学的传统观点，古文字和今文字的分水岭是隶书（汉隶）的成熟和定型。汉隶之前的甲骨文、金文、六国文字包括小篆均属于古文字，隶书、楷书以及在其基础上发展起来的行书、草书等诸多变体均属于今文字。我们对于汉字专字特点的介绍大致是以古文字和今文字为主要划分标准的。这是因为从专字在汉字系统中的功能和专字所记录的内容来看，古文字时期和今文字时期的专字呈现出比较明显的区别。

---

① 陈斯鹏.楚系简帛中字形与音义关系研究[M].北京:中国社会科学出版社,2011:212.

② 庞朴.郢燕书说——郭店楚简中山三器心旁文字试说[M]//武汉大学中华文化研究院.郭店楚简国际学术研讨会论文集.武汉:湖北人民出版社,2000.

　　必须指出的是，我们对专字特点的划分虽然大致与古文字、今文字的分法相符，但我们划分的主要依据却并不是书体的异同，而是文字系统和社会文化的发展程度。我们一再强调，有两个重要因素影响着专字的存在状况以及专字所体现的意义内容，一是专字所处的汉字发展阶段；二是专字存在的历史时期的社会文化背景。从这两方面来看，秦始皇统一六国的工作对于文字和社会文化而言都具有里程碑式的意义。所以严格上说，以秦始皇统一六国版图和文字为分水岭来概括前后两个时期专字的特点应该更加准确。当然，小篆成为统一的官方文字的秦代，也正是隶书迅速成熟定型的时期。而小篆又与战国时期的秦系文字一脉相承。因此，为了材料收集整理的方便，我们还是采用了传统的古今文字的划分方法。这样的划分基本上还是符合社会文化情况和文字系统发展程度这两个标准的。

　　在这一节中我们所讨论的今文字专字特点并不包括还在当今社会上存在的专字。这是因为面对着当今社会日新月异的发展，特别是网络媒介的出现，专字的意义和内涵发生了翻天覆地的变化。因此我们认为有必要开辟专门的章节来对当今社会流行专字的特点进行介绍。

一、专字的实用性降低，不具备任何实际功能的专字数量增加

　　前文我们说过，古文字时期的专字大多具有较强的实用

性，能够有效弥补尚未成熟的文字词汇系统表义能力上的不足。专字的这种实用性在甲骨文专字中最为突出，几乎我们发现的所有甲骨文专字都具有一定的实用功能，能够补充上下文语义的不足。金文专字以及战国时期的专字也大都具有一定的实用性，能够对上下文语义提供一定的补充说明。

但隶楷时期的专字情况则有所不同。随着语言文字系统的日益成熟，人们已经很习惯于运用有限的符号来表达近乎无限的内容。社会生产生活的各种概念也都有了固定的字符来表示，文字系统的"表义漏洞"基本上被填满。与此同时，人们也逐渐认识到，为近乎无限的概念分别创造专门的字形绝不是一种科学有效的字用方法；面对随文产生的特殊临时义、具体义，也尽量考虑利用上下文语句来说明补充。再加上自秦始皇统一中国以后，文字异形的现象基本上消失，全中国均使用一种意义固定、字形规范的文字，专字出现的可能性和存在的必要性大大降低。从我们收集整理的情况来看，这个时期的专字更多的是因具体文本上下文语境的影响而出现类化形成的专字。这些专字从所表示的意义上看固然体现了一定的专义，字形上也因所表示的专义而有所调整，但从字用功能上看，实际上并没有什么实用性。

例如，汉魏六朝碑刻中的"痳"字，是随文义"正月上旬，被病在痳"类化而成的专门表示"病床"义的专字。从专字字形与专字意义的相关性看，"痳"字从木从疒，"木"提示床的材质，"疒"表示疾病，其造义很明显就是为了表示"病床"义。字用方面，"庥"字除了适用于表示"病床"的语境之外，一般也不适合另做别用。因此，依照我们判定专字的标准，"庥"字是一个标准的专字。但是，从专字的功能上看，上下文语境实际上已经把"病床"的意思讲得非常明白（正月上旬，被病在庥），"庥"字在这个语境当中并没有起到任何实际的作用，既不能充当文句的"补丁"，起到说明、限制语义的作用，也没有给文句增添任何语言之外的意义，完全是一个不具实用性的"废字"。

再如，敦煌文献中的专字"錔"，从专字所表示的意义来看，是一个表示"锡杖"的专字，故而从"金"。但这种意义我们通过上下文语句的内容已经能够明晰——《庐山远公话》"赐远公如意数珠一①串，六环锡錔一条……"。甚至于我们判定"錔"为表示"锡杖"的专字也是借助于上下文语句的意义。这实际上就说明这里的"錔"字并没有什么实用性，无论是意义还是语法功能上都不能给我们提供什么有价值的帮助。

诸如此类的专字应该说在汉字的各个时期都或多或少存在，但如果将古文字时期和今文字时期进行对比的话，我们会发现今文字时期的此类专字数量远远多于古文字时期。除了上面分析的字例之外，汉魏碑刻中在"扶疏"的字形基础上增添"艹"旁形成的专字"茯""蔬"、表示"人

---

① 原字缺，依据黄征先生敦煌俗字典补足.黄征.敦煌俗字典[M].上海:上海教育出版社,2005:543.

骨枯朽"义的专字"殍"、用于表示"房舍倾塌"的专字"廎"，敦煌文献中用于表示"登山"义的专字"崂"、用于表示"于门户中窥看"的专字"闚"等虽然都体现一定的专义，从实用性上看并不具备什么实际的功能，无法为所在的文句提供太多意义上的补充或说明。这些字例我们在前文有关各个时期典型专字考察的介绍中已经做过讨论，这里不再赘述。

二、用于体现某种"言外之意"的专字数量增多

在隶楷文字时期，整个文字系统已经非常成熟，表达意义的功能基本完善，专字作为补丁来填补文字系统表义缺陷的情况已不多见，因此用于表示随文产生的具体义、临时义的专字逐渐失去了价值。但作为文字系统的一种有益补充，用于体现一些语言层面难以准确传达的特殊寓意的专字却日渐增多。

我们在古文字时期的专字介绍中就已经提到一些用于体现某种特殊寓意的专字，如金文时期用于体现文王、武王尊崇地位的专字"玟""珷"、用于体现人们对"龙"图腾崇拜的专字"龖"；战国文字时期用于追思商族人先祖创业开基的专字"鞤"、用于指出诸侯会盟旨在"消弭战事"的特殊寓意的专字"戬"等等。但这类专字在古文字时期只发现了有限几个，不成规模。一直到隶楷文字时期，这类专字的数量才开始逐渐增多，在同时期的专字中所占的比例越来越重。

隶楷时期体现特殊寓意的专字在敦煌文献中出现最多。其中最具典型性特点的就是避讳字和"武周新字"。前面章节中介绍过的为避唐太宗李世民的名讳而造的"民""云""貢"，为避唐世祖李昺名讳而造的"丙"等等都在一定程度上体现了臣民对统治者的敬畏；武周新字"整"（证）"璧"（圣）"稽"（授）"㤐"（臣）等等更是纯粹为了体现特殊寓意而造的专字。这些字我们在前面的章节中都已经介绍过，不再赘述。

隶楷时期的专字发展大致呈现出两个方向：一方面具有实际语义功能的专字逐渐减少，另一方面用于体现特殊寓意的专字则不断增多。到了近现代时期，特别是当今社会，人们基本上不会再采用创造专字的方式来弥补文字系统表义功能的不足（为新产生的事物新造的专字除外）。但体现五花八门的特殊寓意的专字则如雨后春笋般地大量出现。由于这些新型专字的字用现象太过特殊，我们将在下面的章节中专门介绍。

第三节　当今社会流行专字的特点

正如我们在前面提到过的，虽然我们现在使用的文字也依然属于隶楷时期文字的范畴，但现代社会流行的专字呈现出与之前任何时期专字截然不同的特点。这些特点使得我们无法简单将其归入"隶楷时期的专字"当中进行讨论，而不得不另立章节来进行专门的论述。

科学技术的发展使得现代社会近百年的发展成果远远地超过过去几千年的积累。大量新事物、新概念的产生使得现有的文字系统不堪重负，造字者不得不开始为已经趋于稳定的文字系统补充新鲜的血液。新闻传媒和互联网的发展给汉字提供了全新的书写载体和传播方式；文化知识的普及使得更多的人参与到文字的使用和创造中来。在这些因素的共同作用下，这个时期的汉字专字呈现出全新的特点实际上是一种必然的结果。从我们所收集整理的现代社会流行专字来看，这个时期专字的特点主要可以概括为以下几点：1. 专字所表示的意义更加多元化，时代特点鲜明；2. 专字的造字手段五花八门，创意无限；3. 专字的社会文化功能远远大于其语符功能。

一、专字所表示的意义更加多元化，时代特点鲜明

当今社会所流行的专字所表示的意义主要反映了以下几方面的内容：一是新时代产生的新事物和新概念，如各个学科和行业的术语和概念等等；二是各种存在于语言之外的特殊寓意，如体现美好祝愿的"䑞"（一帆风顺）、"兾"（生意兴隆）等等；三是社会上出现的各种热点事件和热议话题，如"养"（养老金双轨制）、"瓬"（成龙洗发水广告）等等。此外，出于广告宣传或文字游戏的目的，许多深受人们喜爱或知名度较高的事物也可能被创造专字以专门表示，如"遍遍面"的专字"遍"、"锅盔"的专字"鑑"、

"油泼辣子"的专字"灒"等等。

这个时期专字所反映的这些内容，或具有较强的专业性，或具有浓郁的民俗性，有的充满趣味性，有的则体现了一定的严肃性，充分体现出这个时期专字意义多元化的特点。

此外，全新的书写载体和传播媒介的产生使得人们随时随地为各个领域的新事物、新概念以及社会上临时发生的热点新闻、重要事件创造专字成为可能。由于这些专字所反映的内容大多都是社会上新近发生的事件，因此具有非常鲜明的时代性。

二、专字的社会文化功能远远大于其语符功能

我们所收集整理的这个时期的专字，除少量专用于表示新事物新概念之外，绝大多数属于体现特殊寓意的民俗字和反映社会热点事件以及重要新闻的专字。

这些专字存在的价值并不在于弥补文字系统表义功能的不足，而在于最大限度地拓宽文字的表义功能，使文字突破自身"语符"身份的局限，尽可能多地承载语言之外的意义。从这个意义上说，此类专字的社会文化功能远比其语符功能更重要。

例如，反映"养老金双轨制问题"的"养"和反映"求学费用高"的"學"存在的价值并不是充当一个普通的字符表示"养老"之"养"和"求学"之"学"，而在于利用其特殊的字形反映深刻的社会问题。表示"无边风月"的"虿"

"二"在语符层面上甚至很难被看作一个完整的字符（"虬""二"分别是对应原字符"風"和"月"的一部分），但它们所体现的文化意趣却远远超出一般的汉字。代表"一帆风顺"的"礀"和祝愿"生意兴隆"的"興"几乎就不能算作是可以在日常文本中使用的汉字，但它们在传统民俗中的文化意义是普通汉字所不具备的。

因此我们说，对于当今社会流行的大多数专字而言，其社会文化功能要远大于其语符功能。这些专字或许在语符层面会被视为"怪字""异体字"甚至是"错字"，但它们背后所蕴含的社会文化意义是一般汉字所无法承载的。

三、专字的造字手段五花八门，创意无限

当今社会专字的造字手段非常丰富，不拘一格且创意无限。例如，"礀""興"等民俗字是利用多个字符的拼合形成专字的字形；"邋邋面"中的"邋"字则是用大量的汉字偏旁拼凑成字；化学气体专用字"氧""氮""氦"等还依旧采用最为传统的增添形符构成专字的方法，表示"风月无边"的"虬""二"等字则剔除了原字符的部分结构形成专字；"嘼""丫"等字将原字符旋转了180°形成专字，"糖葫芦西施"的"糀"字以及表示"上学难、学费贵"的专字"學"字则将图形和非文字符号加入到了专字的创造当中。这样的造字手段和创意我们在之前的任何时期都不曾见到。

如果我们稍稍留意各个时期汉字专字造字手段的变化，就可以发现大部分时期的汉字专字，绝大多数是采用增添、改换形符或意符的方式形成。这就意味着这些时期的专字中大部分是在对应原字符的形义基础上改造形成的。这是一种极为能产的造字手段，但由于只是基于原有字符的改造，留给造字者尽情发挥的余地并不大，因此所形成专字的表现力也不足。受到社会环境、文字载体以及传播媒介的影响，当今社会的造字者完全甩开了现有文字系统和造字手段的限制，充分发挥自己的想象力和创造力，运用各式各样的方法来创造专字，极大地增强了新时期专字体现各类专义的能力，也极大地丰富了汉字系统的内容。

四、专字传播速度快，流传度广

之前各个时期的专字多随文义而临时产生，除少部分专字最终作为分化字得以流传下来外，大多只是昙花一些。如曾侯乙编钟中的音律名专字"𦥑""韶""𩇢"、楚简中专用于表示不同材质的帽子的专字"绍"和"鞈"、汉魏时期专用于表示"白玉之白"的专字"珀"等等，都是随文义而被临时创造，离开了它们所依存的具体语境就不再被使用。

现代社会流行的专字则大不相同。得益于全新的书写载体和传播媒介的帮助，专字可以被迅速地创造并传播开来。再加上现代的专字所反映的多是人们感兴趣并且乐于谈论的内容，因此这些专字的流传度和影响力远非之前任何时期的任何专字可比。这些专字由于传播速度快且使用频率高，很容易被汉字使用者们承认并最终在汉字系统中占据一席之地。目前许多新编的字典开始大量收录这些民俗字、网络字，这就很好地证明了上述内容。

第六章　专字造字手段分析

专字是专为表示某一意义而造的字。这个定义实际上就说明专字的造义与它所专门表示的特殊意义是紧密联系在一起的。从甲骨文时期一直到现代社会，各个时期的书写者在创造专字的过程中，都始终秉持着这样一个原则——追求专字的造义与专字所表示意义的高度一致性。这虽然不是一条明文规定的造字准则，却是整个汉字体系从造字之初就一直奉行的造字方法。

正因为专字不是一种简单约定俗成的符号，每一个专字的字形相对于它所表示的专义而言都有着充足构型理据，因此各个时期的书写者在创造专字的时候并不是毫无根据地信手拈来，而是有一定的造字手段。从我们收集整理的各个时期专字来看，形成专字的方法主要有以下几种：一、在原字符的形义基础上增添形符或意符形成专字；二、改换对应原字符的形符或意符形成专字；三、在某字的形义基础上增添体现特殊寓意的字符形成专字；四、通过合文的方式形成专字；五、通过改变原字符的字形形成专字；六、通过多字符组合会意的方法形成专字。我们将在下面的章节中对这几种方法分别作详细的介绍。

第一节　增添形符或意符形成专字

在对应原字符的形义基础上增添形符或意符形成专字是汉字专字形成的主要方法,通过这种方法形成的专字在各个时期的专字中占有很大的比例。这种造字手段形成的专字的字形和意义均与对应的原字符紧密相关,所添加的形符或意符起到限制原字符表义范围、指向具体指称对象的作用。

一、增添形符或意符形成专字的具体方法及特点

形成此类专字的标准方法是,保留原字符的完整字形,并增添一个提示专义的形符或意符。但除此之外,还有部分此类专字在构型上有自己的一些特点,如增添多个形符或意符、在增添形符或意符的同时改变原字符的字形等等。我们将在下文中举例进行说明。

对于很多随具体文义而临时产生的专义而言,现有文字系统中的常用汉字常常是不足以明确指称的。首先,面对大千世界近乎无限的概念和意义,现有的汉字字符数量本就非常有限,只能是力求概括地模糊指称;其次,汉字系统中的常用字符通常还不仅仅被用于表示单个意义,一字多义的现象也给特定语境下具体意义的表述增添了一定的困难。面对这种情况,如果当时的书写者难以接受常用字符模糊而概括的表述,而又担心因原字符的一字兼表多义导致歧义的出现,就有可能通过创造专字的方法来使表义变得更加清晰准确。

之所以在创造专字的过程中要充分保留原字符的字形，是因为作为在专字出现之前最适合表示该意义的字，原字符的形义基础对于新产生的专字而言有极大的利用价值。利用原字符的形义基础，再增添具有限制说明作用的新形符或意符，就能够准确地指向所要表示的具体对象。

在通过增添形符、意符形成的新字形的过程中，实际上承担主要表义功能的还是原有的字符。这是因为虽然不够具体和精确，但原字符已经有效地将阅读者的理解限制在了有限的意义范围之内。这时候只需要所增添的形符或意符起到一定的"脚注说明"作用，就能够使阅读者充分理解所要表达的专义。此外，阅读者在第一次接触到一个通过增添形符或意符形成的专字时，主要还是依靠原字符的形义基础来认识新产生的字形及其意义的。如果离开了原字符的形义基础，全新的字形很可能不但起不到提示具体专义的效果，还因无法辨认而沦为无意义的符号。①

从整个专字发展的历史来看，增添形符或意符形成专字虽然是形成专字的最基本手段之一，但此类专字在早期的甲骨文专字中数量不多。这是因为采用增添形符的方式形成的专字，其字形和字义在很大程度上需要依靠对应的原字符提供形义基础。而甲骨文字毕竟去古未远，对于很多概念而言，

① 这是就专字初形成的状态而言。部分专字由于不同的原因最终成为常用汉字当中的一员，其原字符和增添形符或意符之间的关系和地位也可能随之改变。

还不存在形义非常稳固的字符与之相对应。因此想要依靠增添形符的方式形成专字的条件并不非常成熟。在之后的各个时期中，随着文字系统中常备字符的数量逐渐增加以及常备字符字形的逐渐稳固，在原字符的形义基础上增添形符或意符形成的专字数量也逐渐增多，这种方法成为最为常见的专字造字手段之一。

二、增添形符或意符类专字举例

篇幅所限，这里所举的例子只求能够准确直观地反映这种造字手段的一些特点，而不能穷尽所有的此类专字。所举字例出自前文我们提到的各个历史时期，字例以时期的先后为序。

【禩】

"禩"是表示"典用"的专字。"典"字本义是"典籍、典册"，在专字出现之前也兼有表示"典用"的功能。造字者在"典"的形义基础上增添了代表"祭祀、神明"义的形符"示"，从而让它形成一个专门表示"祭祀时贡献典册给神明"的专字。

【洴】

"洴"字字形作"𣲘"，疑为专表"水井"的专字。从目前所见的材料看，甲骨文中的"井"字只用于表示地名或人名，如"井方""妇井"等。但从目前的考古发现来看，"井"字确实是像"人工挖成的地面深洞"之形。这种地面上的深洞在古代主要有两种用途：一是用为陷阱；二是用为汲水的水井。为表示"井"的具体用途，甲骨文中多在象形字"井"上增添形符以说明。这里的"洴"字是造字者在"井"的形义基础上添加了形符"水"，从而指明"井"的实际用途。在"井"的形义基础上增添形符或意符形成的专字还有很多，如专门表示抓捕动物陷阱的"羄""羄"等等。

【騂】

"騂"是表示"祭祀用马"的专字，但造字手段与甲骨文中常见的"寓"字不同。"騂"字字形作"𤲚"或"𤲚"，是造字者在表示"圈养以供祭祀用之牺牲"的"牢"字的形义基础上添加了形符"马"，让它成为专门表示"祭祀用马"的专字。

【陇】

"陇"字我们在前面的章节中做过分析，是用于表示国名"越"的专字。无论是典籍中的"越"字还是金文中的通假字"戉"，虽然都可以用于表示"越国"义，但都还兼表其他的意义，且字形造义也并不与"越国"义一致。通过增添形符"邑"形成的专字"陇"，则专门表示"越国"义，字形的造义也与所表示的意义相符。

【让】

作为专为表示"溯流而上"而造的专字"让"，造字者在原字符"上"的形义基础上增添了表示"行进"义的意符"辶"，从而有效地排除了"上"字诸多义项的干扰，专门表示"上"的动作义。

【姤】

汉魏碑刻中的"姤"字，是在原字符"后"的形义基础上增添了表示性别的意符"女"形成的专字。造字者增添的"女"符有效地限制了"后"字的意义范围，让它成为专门表示"皇后"义的专字。

【賙】

汉魏时期的"賙"是表示"周济"义的专字。造字者之所以在原字符"周"上增添表示"财物"的"贝"，同样是为了限制"周"字的表意范围，避免因"周"字的一字多义而产生歧义和误读。

【賮】

"賮"字是专门用于表示"持有财物"的专字。从字形方面看，"賮"是在表示"持有"的"持"字上增添表示财物的"贝"形成的专字。但与同类专字不同的是，"賮"字在增添形符的同时，造字者还对原字符进行了一定程度的简省。"賮"的字形源于金文。金文"持"作"[❦]"①，从"又""止"声，而不从"手"。"賮"字借用了"❦"的字形，造字者在增添表示财物的"贝"符的同时还简省了原字符"❦"下半部分的"又"。我们之所以认为"賮"字是在原字符"❦"的形义基础上增添了"贝"符又简省去"又"，而不将其归入改换形符或意符形成的专字，是因

---

①　容庚.金文字典[M].北京:中华书局,1985:607.

为所增添的"贝"符与所简省的"又"在意义上并不能互相替换。

【竈】

表示"灶神"的专字"竈"字与"賞"字类似，其造字手段也是增添形符并对原字符的字形进行了简省。楚简中"灶"字作"竈"，从"宀"从"土"从"火"，"告"声。其中"宀""火""土"都是"灶"的基本要素。为了表示"灶神"的专义，造字者在"竈"的形义基础上增添了表示神明的"示"，又对原字符做了一定程度的简省，去掉了"土"。之所以做这样的改造，造字者可能是出于字形美观的考虑，因为原字符"竈"字的部件比较多，如果再增添一个"示"符，字形会显得非常臃肿，也难以安排部件的位置。因此造字者去掉了"土"符，并将所增添的"示"安排在了原来"土"的位置上。我们之所以不认为"竈"是一个改换形符意符的专字，是因为减省掉的"土"与增添的"示"并不存在意义上的替换的关系。

第二节 改换形符或意符形成专字

在对应原字符的形义基础上改换形符或意符形成专字同样是形成专字的常用方法。人们在使用汉字的时候常常遇到这样的问题：面对某一个随文产生的临时具体意义，虽然通常是使用某一个字符来表示，但实际上这个字符字形所体现出来的最初造义已经与所要表示的意义不相符。例如，金文中表示"驾驭"义多用"驭"，从"攴"从"马"，其造义为"挥鞭赶马"。但随着社会的发展，人们所"驾驭"的对象不再仅限于马，也涉及了如"车"等人造的交通工具。虽然"驾车"也依然可以用"驭"字表示，但所表示的具体义与"驭"字的造义已经不相符了。如果人们觉得"驾车"这个意义有必要在表示它的字符的造义中得到体现，那就有可能通过改换原字符的形符或意符的方法来实现。这种改造导致了一大批相关专字的产生。

改换形符或意符形成专字的手段，实际上反映了汉字发展过程中字符的造义与字符所表示意义由一开始的完全一致，到逐渐出现分歧甚至完全失去联系，再到通过改造字形来重新确认关联的过程。

一、改换形符或意符形成专字的具体方法及特点

改换形符或意符形成专字的具体方法就是根据临时语境下产生的具体意义，用更加贴合专义的形符或意符替换掉原字符中不适合表示新产生专义的部分，从而形成专字。

由于改换形符或意符的方法在很大程度上破坏了对应原字符的字形结构，因此原字符在新产生的专字字形中所承担的职能也受到很大影响。如果说在增添形符或意符形成的专字中，对应的原字符还承担着主要的表义功能，所增添的部分仅仅起到限制说明作用的话，那在改换形符或意符形成的专字中，原字符所提供的仅仅是未被替换掉的那部分字形的

意义或功能，这部分字形与新添加的形符或意符一起形成一个新的整体来承担表示某个专义的功能。换言之，通过改换形符或意符所形成专字的对应"原字符"，仅仅是字源学上的一种渊源，在新产生的专字字形结构中体现得并不明显。

通过在对应原字符的形义基础上改换形符或意符形成专字的情况主要有两种：一是在会意字的基础上改换形符或意符形成专字；二是在形声字的基础上改换形符或意符形成专字。对于第一种情况而言，原字符所残留下来的部件通过自身的意义与新添加的形符或意符结合共同表义。例如，甲骨文中的专字"𢦏"，是将原字符"伐"的"人"替换成了"羌"。原来的"伐"字是一个会意字，象以戈断人首之形，因表示专义而改换"羌"符之后，则会"以戈断羌之义"。而在第二种情况中，原字符所残留下来的部分仅提示专字的读音，主要的表义功能由新添加的形符或意符承担。①例如，汉魏碑刻中的专字"鞚"，专表"驭马"之义。它所对应的原字符"控"字从"手"，"空"声，新形成的专字"鞚"仅保留了其声符，在新字形当中提示专字的读音。

值得一提的是，甲骨文时期大量存在的因"随文改字"的原始文字习惯而产生的专字，如表示不同种类牺牲的专

---

① 之所以说原字符被保留下来的声符"提示专字的读音"，是因为作为临时产生的专属字形，专字并不对应语言中的某一个词，因此专字的读音实际上难以确定。从原字符那里继承下来的声符或许可以作为专字读音的参考，但不宜直接称之为"声符"。

字"牢""宰""家"、表示不同种类的雌性或雄性动物的"牝""牝""麀""麀"、表示抓捕不同种类动物的"麀""瞿""罴"等等，虽然从形式上看这些字像是通过改换形符或意符的方式形成的专字，本质上则不完全相同。"改换形符"是用更加贴合专义的形符替换掉原字符中不适合的形符。而甲骨文时期的文字尚未完全定形，对于上述概念而言，本就没有形体稳固的字符来专门指称，这些专字多是根据所要表示的具体意义，利用不同形符和某一特定部件进行组合，形成的专字。在此类专字的创造过程中实际上缺少"原字符"的参与。当然，我们在划分专字的造字手段时似无必要作过于细致的区分，因此仅在这里作一些必要的说明。

二、改换形符或意符类专字举例

【祼】

金文中"社稷"之"稷"的专字"祼"就是为了更好地表示"五谷之神"的专义，而将原字符"稷"的形符"禾"替换成了"示"。在经过改换的新字当中，"示"字承担了主要的表义职能，从原字符上继承下来的"畟"字仅提示专字"祼"字的读音。

【軷】

"軷"是表示"驾车"义的专字，在"軷"字出现之前，"驾车"的意义由"驭"字兼表。"軷"字用更加贴合"驾车"专义的"车"替代了原字符中的"马"，形成专字。在新字形中，从原字符继承下来的"攴"（象手持鞭挥舞）和替换"马"符的"车"重新组合，会出"驾车"之义。

【歹丂】

"歹丂"为"朽"之专字，因所在的碑文意义与人之腐朽有关，故而改"木"为"歹"，成为专门表示人之腐朽的专字。"歹"字在《说文》中释为"骨之残也"，用于表示人的腐朽非常恰当。从"朽"字保留下来的"丂"起提示读音的作用。

【姟】

"姟"字是"孩"的专字。由于所出文句特指"女童"，故而造字者将"孩"字所从之"子"改换成了"女"，让它成为一个专门表示"女孩子"的专字。

诸如此类的专字在整个汉字时期还有很多，由于造字手段大致相同，因此这里不过多举例。

第三节　增添体现特殊寓意的字符形成专字

在汉字专字当中，有一部分是通过在某字的字形之上加增具有特殊寓意的字符形成的。这类专字语符层面的功能与原来的字符并无太大区别，其专义体现在由所增添字符的字义传递出来的特殊寓意。

一、增添体现特殊寓意的字符形成专字的具体方法及特点

同样是在一个现有的通行汉字上增添部件形成的专字，"增添具有特殊寓意的字符"所形成的专字与前面我们提到的"增添形符或意符"形成的专字有很大的不同。首先，"增添具有特殊寓意的字符"形成专字的工作不是在原本表示该专字意义的原字符上进行了——因为这类专字是专为体现某种"超语符"的特殊寓意而造的，这种寓意在文字系统中本就不存在对应的字符；其次，新产生专字的字形上所增添的符号既非形符亦非意符，一般不参与语言层面意义的表达。

增添体现特殊寓意的字符形成专字的具体做法是将某个能够体现所要表达的特殊寓意的字符附加到某个字上。从字形上看，附加的字符与原来的字形根据紧凑美观的原则共同组合成新字，而从表义功能上看，新增添的部分和原字形则各有分工。在语符层面，新字形所表示的意义一般不产生什么改变，且仍然由新字形中属于原有字形的部分承担主要的表义职能；而在超语符层面，则由附加上去的字符通过自身的意义来体现超语符层面的意义。

二、增添体现特殊寓意的字符类专字举例

【夒】

"夒"字是用于表示商人祖先"王亥"的专字。字形中的"亥"就已经可以表示"王亥"之名，造字者在其基础上

增添的字符"隹"则起到象征"玄鸟"的作用。商族以"玄鸟"为其图腾，《大荒东经》记载"有人曰王亥，两手操鸟方食其头。"可见"王亥"与"鸟"有着密切的联系。"隹"字在语符层面并不参与表义，它的作用是通过自身的"造义"（像鸟之形）引导阅读者的思维，使其记起王亥的典型事迹，从而体现商族人对先祖的尊崇。这层寓意具有典型的超语符性，并且通过"夐"字所增添的"隹"体现出来。

【韗】

前文介绍过，"韗"字是通过在"商"上增添多个字符以体现中山国人对先祖英雄事迹的崇敬、怀念之情的专字。"韗"字所增添的三个字符"人""车""牛"在新字形中并不作为形符或意符使用。在语符层面上，"韗"字与通用字形"商"功能无别，所增添的"人""车""牛"也并不参与表义。

但正如何琳仪先生所说的，"韗"字从"车"从"牛"从"人"从"商"，会商人发明牛车之意。"韗"字所增添的"人""车""牛"通过各自的字义共同描绘出一幅"商族人先祖驾车服牛"的景象，从而体现了商族后裔对其先祖商王亥发明牛车传说的追忆。

【玟】【珷】

"玟""珷"为表示"文王"和"武王"的专字，但并非由"文王""武王"合文形成。因为"玟""珷"二字所在的文句中，在这两个字之下都还有"王"字。也就是说，"玟""珷"二字分别和它们之下的"王"字组合，以表示"文王"和"武王"，"玟""珷"二字字形中的"王"符在语言层面并不参与表义。

但这并不意味着"玟""珷"二字中的"王"符没有价值。事实上，所增添的"王"符通过自身的字义体现了周朝人对开创基业的先王的尊崇和景仰。这一层意义超乎于语言之外，并通过所增添的"王"符表现出来。

【龓】【鳯】

"龓""鳯"二字分别在"龙"字和"凤"字的字形上增添了"兄"符。在语符层面，"龓""鳯"与一般的"龙""凤"表义无别，用法也相同。所增添的"兄"字并不参与表义，看似只是增繁了字形，没有什么特别的用处。但考虑到"兄"字有"大"义，且龙凤为鸟兽之首，何琳仪先生因此认为"龓""鳯"二字上增添的"兄"符有体现龙凤为鸟兽之大者的意味。[①] 这一层寓意具有超语符的性质，因此可以说，"龓""鳯"二字是增添了体现特殊寓意的字符形成的专字。

第四节　通过合文的方式形成专字

通过将两个或多个字符压缩到一个书写单位来书写，

---

① 何琳仪.战国古文字典[M].北京:中华书局,1998:427.

也是形成专字的一种有效手段。这样的专字出现在甲骨文时期，在以后的各个历史时期均有发现。

一、通过合文形成专字的具体方法及特点

合文专字在各个历史时期均有发现，但各个时期的此类专字都有各自的特点。从形成专字的机制上看，也不尽相同。

在古文字中，合文是一种非常常见的书写方式。这可能是因为在古汉语时期，单音节词占有绝对优势，一字一词的方式更加符合书写者的字用习惯。一些需要两个或多个字符来组合表示的概念如果被使用得过于频繁，受到"一字一词"字用习惯的影响，很可能被书写成"合文"的形式。合文书写形成习惯之后，由于两个或多个字符长期被压缩到一个书写单位的空间中，渐渐就融合成了一个字。由于这个新产生的字承担了原来多个字符共同承担的表义职能，因此成了专门表示该概念的专字。

一开始书写者一般会很细心地为这种合文形式标注一个合文符号"="，以表示这是两个或多个字的合文，阅读的时候应该拆开来读。但随着这样的合文形式使用得日益频繁，合文符号也就逐渐丢失，被压缩到一起的多个字符有时甚至还出现了借笔或简省等情况。这样一来，两个或多个字的合文实际上就逐渐融合成了一个字。由于这个新字所承担的职能是指称原来多个汉字组合表达的概念，因此具有明显的专字性质。

严格意义上说，合文形成专字并不是一种简易直观的造字手段，而是随着文字的发展而逐渐发生的一个渐进过程。两个或多个字符由于长期组合在一起共同表示某一个概念，久而久之由于书写的习惯而被逐渐压缩到了一个单位空间内，就形成了合文。隶楷时期的合文专字成字的方式也大致如是，但成字过程要简短得多。

当今社会流行的专字中也有部分是通过合文的方式形成的，但相比于更早时期的同类专字，现代合文专字的形成方式和功能有了很大变化：古文字时期以及隶楷时期的合文专字与其说是故意创造的，不如说是在漫长的字用过程中逐渐形成的。书写者并不是为了表示某一专义而专门合文造字，而是因长期将某个需要多个字符表示的概念用合文的形式书写而逐渐形成合文专字。而现代合文专字则更多的是主动运用这种方法，一次性地形成专字以表示某一复杂的专义。

二、合文类专字举例

【上甲】（合文）

"上甲"是商先王的名字，在甲骨文中出现的次数极多。因此甲骨文中书写者对这个字一般采用合文的形式来书写，如"囲"（合集22627）。目前所见材料中，凡提及"上甲"名称的基本上都写作这个形式。久而久之社会上就形成了一个专门表示"上甲"的专字。"上甲"除上述合文形式之外，还存在进一步减省的字形，如"囲"（合集22642）

和"⊞"（合集 32467）。

【小臣】（合文）

"小臣"是商周时期一种特殊的称谓，指的是料理商王宫廷内各项事务的侍者。[①] 由于"小臣"这类人长期侍奉在商周王室成员周围，因此在甲骨文献中这个词出现的频率很高，通常被书写者用合文的形式书写。字形作"𝌠"。久而久之社会上就形成了专门表示"小臣"的专字。

【驷】【骖】【駟】

"驷"就是典型的合文专字，且至今仍在使用。古人用"四马"这个词组表示"一乘马"的概念。段玉裁《说文解字注》解释说"四马为一乘"[②]。但在楚简文字当中，"四马"长期以合文的形式出现，字形作"𝌠"。由于这个意义太过常用，又长期以合文形式书写，时间长了，合文符号就渐渐脱落，合文被造字者写成了一个字，成为专指"四马一乘"的专字"驷"。除了"驷"之外，楚简当中的"骖""駟"等等都是基于相同的原因合文形成的专字。

【苷】

前文提到过，"苷"是表示"菩萨"的专字。从造字手段上来看，"苷"字是将"菩""萨"二字挤缩到一个书写单位中来书写。但为了节省书写空间和工作量，造字者又进一步进行了简省，仅保留了"菩""萨"的两个"艹"符，

---

① 高明.高明学术论集[M].上海:上海古籍出版社,2013:197.

② 段玉裁.说文解字注[M].上海:上海古籍出版社,2009:465.

形成"艹"字。

【𦬊】

"𦬊"是"菩""提"二字的合文，专用于表示"菩提"概念。为简省书写空间和工作量，造字者简省了"菩"的下半部分，仅保留了"艹"符，形成"𦬊"字。

【帆】

当今社会流行的专字中也有通过合文形式形成的，如"帆"字就是由"一""帆""风""顺"四个字拼合在一起组成的专门表示"一帆风顺"的专字。可以看到，为了体现此种特殊的寓意，造字者在拼合"帆"字时颇费巧思，将字形结构安排得合理、美观，让人一目了然。

【興】

"興"是表示"生意兴隆"的专字。"興"字的字形是"生""意""兴"（興）"隆"四个字巧妙组合而成的。但为了字形结构的美观，造字者对参与组合的字符进行了一定程度的简省和改造，"興"的左上部分由"隆"字的"阝"代替，"隆"字右下部分的"生"虽然是"隆"字的一部分，但实际上可以看作简省了"隆"字的右下部分而增添了"生意兴隆"的"生"字。通过这样的改造，"生""意""兴"（興）"隆"四字完美地拼合成一个字，且"生意兴隆"的意思从字形上看就一目了然。

第五节　改变原字符的字形形成专字

这里所说的"改变原字符的字形"形成专字特指原字符的形体发生了改变但结构并没有发生根本性改变的专字。虽然通过增添或改换形符、意符形成专字都会引起原字符字形上的改变，但这两种形成专字的方式调整的是原字符的结构，而这里所说的"改变原字符字形"仅仅是汉字形体层面的调整。

历史上为了避统治者名讳而改形形成的避讳字是此类专字的典型代表。避讳字的主要形式有缺笔、换字以及改形三种。[①] 在这三种类型当中，"换字"类的避讳字虽然同样蕴含着体现尊崇的寓意，但由于并未形成新字形，因此无从讨论。"缺笔"和"改形"均引起了原字符字形层面的改变，形成了避讳以体现尊贵意味的专字。除此之外，当今社会流行的专字，也有不少是通过改变原字符的字形形成的。例如：

【𡦬】

"𡦬"即"民"字，为避唐太宗李世民讳，故造字者缺笔让它形成专字。相比于原字符"民"，"𡦬"字缺少了一个斜勾，因此字形上略有不同，但并未引起结构层面的改变。

---

① 　窦怀永.敦煌文献避讳字研究[D].杭州:浙江大学文学院. 2007.

【丙】

"丙"即"丙"字，因避唐世祖李昺讳，故而造字者缺笔让它形成专字。字形上"丙"字相比于原字符"丙"字少了一点，但结构上并未发生改变。

【云】

"云"本为"世"字，因避唐太宗李世民讳，造字者改换"世"为"云"，让它成为一个体现帝王尊崇地位的专字。"云"是一个改形避讳字，字形相比于原字符"世"有很大的改变，但这些改变均不涉及构型层面的调整。

【貟】

"貟"本作"贳"，因避唐太宗李世民讳，造字者改换"贳"的"世"为"云"，让它变成"貟"字，形成专字。"貟"字与"云"字相同，属于改形专字，不涉及构型层面的调整。

【뫪】【丫】

这两个字例我们在"今文字时期典型专字考察"一章中做过介绍，分别是为了体现"福到了"和"人找到了"的特殊寓意而造的专字。从造字手段上看，"뫪"和"丫"都是将各自对应的原字符（"福"和"人"）旋转了180°形成的。相比于它们各自对应的原字符，新字形并未做结构层面的调整，旋转180°仅仅改变了字符的形态而已。

【养】

"养"字是专为反映"养老金双轨制"问题而造的专

字。"养"字是在原字符"养"的字形基础上改造而得的。相比于"养"字,"养"字的右下部分由原本的长竖变成了短竖,以此来体现两种不同的养老金管理办法之间的巨大差距,造字手段相当巧妙。但这种造字方法并未影响到原字符的结构,所做的仅仅是字形上的改变。

第六节　多字符组合会意形成专字

将多个字符组合成一个字,利用这些字符自身的意义组合会意以体现某种特殊的寓意,是汉字进入隶楷时期之后常用的专字造字手段。这里所说的"多字符组合会意成字",与一般意义上的会意字完全不同。一般意义上的会意字仅具有语符层面的意义,并不体现专义。而此类专字除了承担表示语符层面的意义之外,还体现着超语符的特殊寓意,具有专字的性质。因此不同时代文献中屡见的为了使文字的造义与所表示的意义尽可能相符而进行"构型理据重构"产生的所谓"新会意字",如"甦"为"苏"、"躰"为"体"等等均不属于专字的范畴。

一、多字符组合会意成字的具体方法及特点

多字符组合会意形成专字的方法是,造字者根据所要表示的特殊寓意,有意识地选择若干个字符,利用这些字符拼合成专字。专字所体现的特殊意义就由这些字符自身的意义组合会意而成。

　　此类专字与上面提到的合文专字在形式上类似，但实质不同。合文专字是将一个多字符的词或词组压缩到一个书写单位来书写形成的，专字所表示的意义完全等同于原来的词或词组。而多字符组合会意的专字的意义由这些字符的字义组合在一起会意产生。

　　从我们收集到的专字来看，造字者运用"多字符组合会意"的方法形成的专字主要是为了体现某种超语符的特殊寓意，但造字者同时还利用这些专字替换了文字系统中某些字符，使之在语言文字系统中承担一定的表义功能。对于它们在语符层面所表示的意义而言，这些专字的造义是不对应的，只能算作构型理据不明确的记号字。因此此类专字的创造和推行通常需要强大的社会强制力作为保证，当这种强制力不复存在时，这些专字在文字系统中的地位往往迅速被构型理据清晰的原字符所重新取代。

二、多字符组合会意类专字举例
【𡔈】【壐】

　　"𡔈""壐"二字在武周时期分别替代了"证"字和"圣"字，组合在一起用为武则天的年号（证圣）。"𡔈"可以看作由四个部分组成，分别为"永""主""人""王"，寓意武则天能够长久地统治天下，帝业永祚。"壐"字则由"长""正"（"疋"即"正"字，同样是武周时期改易的新字）"主"三部分组成，也同样寓意武则天能够成为天下永远的"正主"。两个字均是利用多字符组合会意形成的专字。在语符层面，"塦""璧"二字完全取代了"证""圣"二字的表义功能，并体现了存在于语言之外的深远政治寓意。

【惩】

"惩"字同样是武周时期的新字。从字形来看，"惩"是由"一"和"忠"两字组成，其寓意"为臣者应该从一而终，忠于君主"也是由"一""忠"二字的字义会意而成。在语符层面，造字者用"惩"字取代了"臣"字，在武周时期承担了"臣"字的所有表义功能。

【稑】

"稑"在武周时期取代了"授"字，并承担"授"字的全部表义功能。除此之外，"稑"字还通过组成它的四个字符"禾""久""天""王"字义的组合，会出"天赐嘉禾，久为君王"之义。

第七节　造字手段特殊的专字

在我们整理的各个时期汉字专字当中，有个别专字的造字手段比较特殊，难以归入上述几个类别当中。但由于这样的字比较零散且不成体系，因此我们将其作为比较特殊的字例，放在本节中讨论。

【軎】【𱇐】

从所表示的专义来看，"軎"和"𱇐"都是与车有关的专字，分别表示"车轴"和"车厢"。但这两个字的造字手段相比于前面提到的各类专字而言比较特殊。

"𫐄"字是在一个高度象形的"车"字上加注了一个指示性的符号形成的专字。起到指示性作用的符号"ᴑ"加注在象形字"车"的"车轴"部位，使阅读者很容易地理解到这个字符所表示的意义是"车轴"。

"𫐐"字的字形则由竖式改为横式，更加形象地表示出"车"的形象。由于"𫐐"字是专为表示"车厢"义而造的专字，因此造字者在字形中有意地特写"车厢"的部分，使之成为整个字形中最为突出的要点，从而使阅读者理解到这个字符所表示的意义是"车厢"。

"𫐄""𫐐"二字的字形均高度象形，一定程度上具有"原始图画字"的性质。特别是表示"车厢"的"𫐐"字，主要凭借字图中对关键元素的特写强调来表达意义，这完全是绘画的表达技巧而非文字的表义方式。可以说，"𫐄""𫐐"二字充分体现出甲骨文时期专字所具有的原始文字特性。

【曑】

金文中"昧爽"之"爽"的专字"曑"也是一个造字手段特殊的专字。在"曑"字的成字过程中，造字者并没有利用对应原字符"爽"字的形义基础，而是在"爽"字的通假字"丧"字上添加与时辰意义有关的意符"日"形成专字。

"丧"为"爽"之通假字，这在前文已经比较详细地论述过。在专字"曇"的形成过程中，造字者先是将"爽"字通假为"丧"，并且让它成为比较常见的用法，而后才会出现在"丧"字上增添"日"符让它形成专字的做法。经过此种转变过程，专字"曇"的主要表义功能变成由新增添的意符"日"来承担，"丧"则变为声符，通过字音与最早的原字符"爽"保持着有限的联系。

【迻】

金文中专门表示"迁移"的"迻"也是在原字符通假字的字形基础上增添形符形成的专字。原来表示"迁移"义的"徙"字，商代金文中字形作"𣥺"，周代金文中作"𣥺"，而"沙"字古音与"徙"相近，因此可以通假。李家浩先生在俞伟超先生的《中国古代公社组织的考察》一文中详细论述了"徙"与"沙"的关系，可以参看。[①] 董莲池先生在《新金文编》中则说："古文借沙綏字表徙，战国追加义符辵，为徙一词专字。"[②] 可见"迻"字是在"徙"的通假字"沙"的字形基础上增添意符"辵"形成的专字。通假字"沙"在新字形中仅提示字音，不参与表义。

【茾】

"茾"字在敦煌佛经当中非常常见，是表示"菩提"的专字。之所以判断其为表示"菩提"的专字，是因为我们借助大量的上下文语境得出的结论。仅从"茾"字的构型

---

① 俞伟超.中国古代公社组织的考察[M].北京:文物出版社,1988.

② 董莲池.新金文编[M].北京:作家出版社,2011:182.

来看，它似乎与"菩""提"二字并无太多的关联。但考虑到敦煌佛经中此类概念多通过合文的形式来表示，我们推测"茾"字也是通过合文的形式构成的专字。

"茾"字的形成过程可能是这样的：一开始，佛经中"菩提"这一概念用"菩""提"二字来表示，后"提"字受"菩"的类化影响，所以造字者写成了"䔧"。前文分析的"䔧"字很显然是"菩提"二字的合文，但不作为合文形式存在的"䔧"字也确实存在，《集韵》中的"䔧，田黎切，音提"、《玉篇》中的"草也，或作蒆"。"菩提"是由梵文音译，本来也是植物名，因此类化成为"菩䔧"还是比较合理的。"茾"则是利用"菩""䔧"二字合文并简省各自的下半部分形成的专字。"茾"字形当的"、"可能是为了与表示"菩萨"的合文专字"茾"相区别而添加的区别性符号。

上述关于"茾"字构型的理据，目前尚无非常确凿的证据，只是一个相对合理的推测。但"茾"字的形成方式确实比较特殊，有别于前文所归纳各种类型的专字，因此我们花费些许笔墨作专门的讨论。

【𣲘】

"𣲘"字在敦煌佛经当中同样非常常见，通过与其相关的文句我们可以推知这是表示"涅槃"义的专字。但从构型上看，我们找不到"𣲘"字与"涅槃"二字的关联。因此在归纳专字类型的时候，我们无法将"𣲘"字归入前文提到的任何一类。目前我们只能认为"卌"是一个专门表示"涅槃"义的记号字，在未找到"卌"字成字的确凿理据之前，姑且称其为"表示专义的记号专字"，归于"造字手段特殊"的专字类别当中。

【糖】

"糖"字是专门表示"糖葫芦西施"的专字，字形作"糖"。① 从整体字形上看，"糖"字大致是将"糖"字和"西施"之"施"的右半边"㐌"拼合在一起，同时还对"糖"字做了一些简省——去除了右下部分的"口"。这种造字手段我们在更早时期的专字中也曾见过。但比较特殊的是，"糖"字左半边"米"旁的两点和一捺被三个小方框代替，从而使整个"米"字看起来像是一个扎满糖葫芦的草把子。所添加的这三个小方框并不是文字学上可以分析的部件，而应该看作描摹"糖葫芦"性状的图形。这是之前任何时期的专字中所未见的。因此我们将其归于"造字手段特殊的专字"中进行讨论。

【學】

"學"字是一个专为体现"上学贵"的特殊寓意而造的专字。其造字手段是将繁体字"學"上面的"爻"替换成了代表人民币的符号"￥"。这种造字手段我们在之前的专字中从未见过，因此归于本节中讨论。

---

① 　东阳新闻网. 2009年12月23日. http://dynews.zjol.com.cn/dynews/system/2009/12/23/011693098.shtml

第七章　专字理论新探

在前面的章中，我们主要从专字的名称和定义、专字的功能以及专字的造字手段等角度对汉字专字问题进行了研究，并通过"古文字时期典型专字考察"以及"今文字时期典型专字考察"等章节对不同时期专字的不同特点做了大致的呈现。但必须承认，以上所做的这些研究都是专字专题研究的基础性工作，而不是专字专题研究的全部内容。事实上，只有在完成这些基础性工作之后，我们才有可能从理论层面对专字进行深入的研究。我们认为，对于专字这种非常特殊的汉字而言，传统的文字学研究理论是不足以解释其全部内涵的。专字的存在对于文字系统而言是一种重要的补充，也使文字系统的表义功能发生了极大的改变。正因如此，我们在对专字问题进行理论层面的讨论，也应该在传统的文字学理论之外有所补充。

从我们目前的研究成果来看，认知语言学中的原型范畴理论、符号学中的意图定点理论、结构语言学中的标记理论都分别能对汉字专字问题的讨论提供一定的理论支持。例如，原型范畴理论能够对相当一部分专字的成因提出做出很好的解释；专字的一些特殊功能与结构语言学中的"标记理论"有一定的契合;而符号学中的"意图定点"理论又能够很好地说明一些专字究竟是如何利用特殊的字形结构来引导阅读者的思维。在对汉字专字问题进行专题研究的这一段时间中,我们曾尝试性地分别运用上述理论对专字问题进行讨论,获得了一点阶段性的成果。我们将这些讨论集合在一起,用一个章节的篇幅来集中呈现。

当然这只是我对汉字专字问题的初步理论探讨,由于理论水平的限制,难以做到深入透彻,对于上述先进理论的理解和运用也还有很多的不足,因此本章的讨论中纰漏和瑕疵在所难免,一孔之见恐贻笑于大方之家。

第一节 汉字专字问题的原型范畴理论阐释

有关专字成因的问题学界已经有过一些讨论,但一直没能得出一个非常具有权威性的解释。通过对各个时期专字的收集和研究,我们发现认知语言学的原型范畴理论能够对很大一部分专字的成因提供很好的解释。因此在本节当中,我们利用原型范畴理论中关于范畴成员不平等地位的理论、范畴模糊边界的理论、行为和物体范畴相互依赖性的理论对部分专字的成因提供了合理的解释。

一、学界关于专字成因的传统看法

当前学界对专字问题的研究,还主要集中在专字现象的阐释、专字概念及其定义的讨论,对于专字的成因,尚未能提出一个比较令人信服的解释。而事实上，专字的成因问题是我们探讨和研究专字时不可回避的问题。专字的字形结构相较于与之相对的表示一般概括性意义的通用字形，往往更加复杂难写，而对于阅读者来说，这种临时随文改造的字形也会给阅读带来极大的困难。而即便存在着诸多弊端，书写者依然愿意弃易从难、独辟蹊径地创制专字，其目的和动因是值得我们进一步研究探讨的。

　　学界以往对专字成因的看法主要有两种：对于属于较早时期汉字体系的专字，如甲骨文、金文中的专字，学界一般认为这是汉字发展不完善的一种现象，是人们对于字形和所表示概念的对应关系模糊不清的一种表现。例如刘钊先生的《古文字构形学》认为，专字是文字较为原始的一种表现。由于古文字时期，文字还处在形体不固定、异体字众多的原始时代，因此容易出现"随文改字"的现象。文字的书写者在书写过程中，很容易根据所记叙的具体内容对所写的字进行一些与所表达意义相对应的改造。他在文中举了这样的例子：在甲骨文中，同样是表示"牢"的意义，就出现了以下三种字形："𠕎""𠕎""𠕎"。古代将用来作为祭品的牲畜称为"牢"，以上三个字形分别代表"牛"做祭品、"羊"做祭品和"豕"作祭品三种情况下的"牢"字。代表雄性鸟或兽的"牡"字因具体表述对象的不同，也同样出现了三种写法："𤘾"表示公牛，"𤘾"表示公羊、"𤘾"则表示公猪。① 刘兴林先生也曾就甲骨文中的专字进行过探讨。他认

　　①　刘钊.古文字构形学[M].福州:福建人民出版社,2006:64.

为，由于甲骨文还不是一种完全成熟的文字，先民们对事物的概括能力还不是很强，同一事物稍有不同，便另设新体，可以命名为异体专字，它与义近形符互用或义近形旁任作都同属异体字范围，但它形有所指，音读为一，其所专指的内容完全依赖读者对文字的视觉感知。①

对于汉字发展到相对成熟时期产生的专字，学界则难以再用"汉字发展不完善"作为理由予以解释了。一般的观点是，古汉语单音节词占主导地位的语用习惯过分概括，因而难以表达更加细化和具体的意义，最终导致大量随文意而增改部件的专字的产生。对于今文字中的专字问题，学界的研究成果还比较少，并未就其成因做过详细的讨论。

我们知道，每一个汉字所表示的概念都或多或少具有一定的概括性，表示某一类事物。用范畴理论来说，就是每一个汉字对应着某一个范畴，它所对应的范畴可大可小，但每一个范畴之下都或多或少包含若干个成员。例如，"牛"字所表示的意义对应着人们头脑中"牛"的范畴，这一范畴下包含着诸多成员，如"水牛""黄牛""牦牛"等等。当人们想要指称"牛"范畴下的某一成员时，可以有两种选择：如果所要表达的意思不需要过分精确时，可以直接称之为"牛"；当人们觉得"牛"这个说法过于宽泛，不足以尽意的时候，可以进一步使用"水牛""黄牛""牦牛"等复合

---

① 刘兴林.甲骨文田猎,畜牧及与动物相关字的异体专用[J].华夏考古.1996(4).

词来进行指称。这在以复音词为主的现代汉语中自然不是什么问题，但在单音词占多数的古代就是一个大问题了。苏新春先生在《汉语词义学》中指出，古代汉语中单音词"有限的词语外壳"面对日益扩大、近于无限的词义内容显得捉襟见肘。[①] 在古汉语当中，一个字往往就表示一个词，因此，上文所提到的单音词的问题，实际上就直接反应为字的问题。一个字表示一个甚至是多个范畴，想要做到绝对准确和清晰，实属难能。

单个字难以准确、清晰地表示概念，复合词的使用又尚未成为一种习惯，这就为专字的产生创造了条件。例如，古代一种长柄浅勺、勺端稍锐的取食器具称为"匕"，而楚简文字当中的"杚""鈚"就是在通用字形"匕"的基础上为强调其材质而加上了分别"木"和"金"，形成两个专字。再如，楚简文字中的"垆""砳"就是在表示一种盛酒器皿的通用字形"缶"的字形基础上添加强调材质的"土"或"石"形成的专字。

然而，仅将单音词（或者说单个字）无法做到表意的清晰、准确作为专字产生的理由，其解释力是远远不够的。因为单个字表意不够准确、清晰的问题是一个普遍现象，每一个汉字都面临着这个难题，而专字的数量相比于浩如烟海的汉字却是非常有限的。那究竟要符合什么样的条件才能够产生专字？专字产生的直接作用是什么？上文提及的理由实际

---

① 苏新春:汉语词义学[M].北京:外语教学与研究出版社,2008:147.

上并没有给予回答。

而我们通过比较研究发现，很大一部分专字的成因是可以用原型范畴的理论予以解释。很多用传统理论无法回答的专字问题，也同样能够在原型范畴理论中获得令人满意的答案。

二、原型范畴理论的基本观点

原型理论是认知语言学的基本原理之一，在认知语义学当中占有重要地位。有别于传统的经典范畴理论，原型范畴理论并不认为范畴内各个成员之间一定有共同特征。这一理论认为，范畴之所以能够成其为一个范畴，是依靠范畴内成员之间的"家族相似性"聚合在一起的。著名哲学家路德维希·维特根斯坦曾以"游戏"范畴为例证明了这一假设。他认为，不同的游戏，如棋牌、网球、骑马之间，要概括出一组足以证明它们应当同属于一个范畴的共同特征是极其困难的。之所以这些活动能够共同构成一个"游戏"的范畴，是因为这些活动之间存在一种互相重叠的、复杂交叉的相似关系网络。[①]

之后陆续有学者投入到原型理论的研究当中。美国人类学家伯林和语言学家凯伊所进行的关于色彩和语言的实验，调查了98种语言对基本色的归类，从而得出了"焦点色"存在的结论，为原型范畴理论关于范畴成员地位的新认识奠定了实验基础。[②]

① 赵艳芳.认知语言学概论[M].上海:上海外语教育出版社,2000:55

② (德)弗里德里希·温格瑞尔,汉斯–尤格·施密特.认知语言学导论[M].彭利贞,许国萍,赵微,译.上海:复旦大学出版社,2009.

社会语言学家拉波夫对家用器皿"cups""mugs""bowls"和"vases"的范畴进行了研究，发现这些范畴之间并不存在明细的边界，而是范畴与范畴的相互交融。而这些范畴中既有具有典型性特征的理想样本，也有不具备典型性特征的"差样本"。这些实验进一步完善了原型理论的框架，形成了一系列基本的理论观点。①

这些观点主要有：1. 范畴成员之间不一定具有共同的特征，而更多是通过"家族相似性"来构成范畴；2. 并非所有的范畴之间都能够划分出清晰的边界，如颜色范畴以及一些形容词范畴；3. 范畴内成员的地位是不平等的，具有典型性特征的成员处于核心地位，不具有典型性特征的成员地位则边缘化。

这些原型理论的基本观点以及在其基础上进一步延伸的一些看法，对于我们认识专字的成因均有很大的帮助。

三、范畴中成员地位的不平等是部分专字得以产生的原因

原型范畴理论不认为范畴中各成员地位是平等的。这种看法无疑是正确的，而在特定的范畴当中，也总会有一些成员被人们认为最能够作为该范畴的代表，例如"鸟"范畴下的"麻雀""鸽子""知更鸟"等等。这类成员拥有该范畴

---

① 　(德)弗里德里希·温格瑞尔,汉斯-尤格·施密特.认知语言学导论[M].彭利贞,许国萍,赵微,译.上海:复旦大学出版社,2009

的绝大部分的典型性特征，因此将其归入该范畴的理据和条件非常的充足。但每一个范畴中也同样会有一些成员缺乏该范畴所应该具有的典型性特征，因此极容易因其范畴归属问题引发人们的激烈争论，例如"鸟"范畴下的"鸵鸟""企鹅"等等。

毫无疑问，在人们的心目中，"麻雀""鸽子""知更鸟"等一定比"鸵鸟""企鹅"等更像"鸟"，因为它们更加符合人们认知心理学中那个抽象的"原型"样式。因此"麻雀""鸽子""知更鸟"等是理想的原型样本，而"鸵鸟""企鹅"等则是较差的样本，它们在"鸟"范畴下的地位极不平等，前者处于核心地位，而后者则极其边缘化。

这种地位上的不平等所造成的结果就是，当我们看见"麻雀""鸽子""知更鸟"这类好的原型样本的时候，我们往往会直接使用它们的上位范畴"鸟"来进行指称，如我们会说"树上的鸟儿喳喳叫"，而不必刻意说明这些鸟的具体品种。换言之，这些"麻雀""鸽子""知更鸟"在人们的心目中就是"鸟"的典型代表，因此足以占据"鸟"这一上位范畴。而当我们遇见诸如"鸵鸟""企鹅"这一类较差的原型样本的时候，则会刻意地说明其具体品种，如我们会说"看，那是鸵鸟！"或"看，企鹅！"却不太可能直接称这两种动物为"鸟"。

一个范畴下最好的原型样本，应该是最具代表性的成员。但绝不是最有特点的那一个。事实上，一个范畴下最具特点的成员往往也是最边缘化的成员。例如，我们描述棕黄色带黑色条纹皮毛的老虎时并不会刻意强调其皮毛的颜色，而是直接称之为"虎"或"老虎"；而当我们看到白虎的时候，因其特殊的皮毛颜色，我们往往刻意地强调其为"白虎"。而"白虎"因其特殊性，在"虎"这一范畴下就处于比较边缘的地位。

由此我们想到，范畴内部成员地位不平等的现象很可能是相当一部分专字的成因。前面我们提到过，在一个范畴中，好的原型样本如"鸟"范畴下的"麻雀""鸽子""知更鸟"等等往往被直接称呼为"鸟"，而差的样本如"鸵鸟""企鹅"则往往不能直接称为"鸟"，相反地要特意强调其品种。"虎"范畴下的"白虎"也容易遭遇同样的强调。因此我们不妨大胆地推想，汉字系统中的部分专字，其所表示的概念之所以让书写者无法用通用字形来表示，而特意为之专造一个起强调特征作用的字形，从原型范畴理论的角度来看，这些专字所表示的概念在其所属范畴当中一定地位十分特殊。根据前文的分析，这些概念在其所属范畴中一定是比较边缘化的成员。

试举几个专字为例：

【闰】

"闰"字出于上博简（上二·容·三八），字形作"🀣"，过去学者多认之为"闰"的异体字。但从其所属简文内容"立为玉闰"来看，把"闰"释为"闰"不妥。李零先生认为，《竹书纪年》有"桀立玉门"之说，因此"闰"

当是表示"玉门"的专字，此说可从。[①]"閨"是造字者在"门"的字形基础上添加了表示具体材质的"玉"，让它形成的一个专表"玉门"的专字。

如果我们把"门"看作一个基本范畴的话，那范畴"门"之下的成员数量是很多的。这些范畴成员有的是较为理想的原型样本，有的则是比较边缘化的差样本。当我们在"门"这个范畴当中进行筛选的时候，属于"好样本"的可能有"木门""铁门""石门"等等，生活阅历较丰富的人所认为的"门"范畴的"好样本"还可以有更多。但大概不会有什么人将上博简中的这个"玉门"视为一个好的原型样本，将其作为"门"范畴中不可或缺的成员。由于"玉门"这种事物在现实生活中实在太过少见，因此虽然在范畴划分中我们经过客观、理性地分析会将其归入"门"的范畴，但在该范畴中"玉门"必然属于极其边缘化的成员，离"门"的原型样本相去十万八千里。

我们套用刚才的分析，处于范畴中核心地位的成员往往充当好的原型样本，因此往往被直接用范畴的名称来指称，如"鸟"范畴下的"麻雀""知更鸟""鸽子"往往被直呼为"鸟"；处于边缘地位的成员，如"鸵鸟""企鹅"则会被刻意强调其类属，严格地称作"鸵鸟""企鹅"，而一般不直呼为"鸟"。"閨"作为"门"范畴中极其边缘的

---

① 马承源.上海博物馆藏战国楚竹书(二)[M].上海:上海古籍出版社,2002:279.

成员，与一般的"门"相比共同点极少，同时自身的特点也极其鲜明，因此不适于直接用上位范畴"门"来指称。为了突出它的这种个性和特征，造字者就应该在"门"的意义基础上强调其"玉"的特征。在单音词为主导的古代，这种强调就直接形成了"閨"这样的专字。由此看来，我们以往一直强调的"古汉语中单音节词占主导地位"只能算是诸如"閨"这类专字产生的外部条件，范畴地位的边缘化才是其产生的主因。

【畑】【畠】

"畑"和"畠"出自日本汉字，清代学者李调元《卍斋璅录·卷六》之《蜻蛉国志》上记载有"其国水田曰田，山田曰畠，火田曰畑……"。[①] 张涌泉先生《汉语俗字研究》中提到了"畑"和"畠"二字，并认为这是日本人在长期使用汉字的过程中创造出来的俗体字。[②] 而我们认为，这两个字是"俗体字"之外，更应该归入专字的范畴：从《蜻蛉国志》的这段记载来看，"畑"和"畠"与"田"的字义是存在对立的。只有"水田"才称之为"田"，"畑"和"畠"则分别指称"火田"和"山田"。我们知道，日本国受天然的地理环境制约，全国耕地主要是以水田为主。刘肇伟先生主编的《中国水利百科全书·灌溉与排水分册》中提到，日本全国耕地面积约为 526 万平方千米，其中水田占了 55%，

① （清）李调元.卍斋璅录[M].北京:中华书局,1985.

② 张涌泉.汉语俗字研究[M].北京:商务印书馆. 2010:42.

果园和草场占 22%，旱田仅占 23%。[①] 由此可见，在日本人民的心理认知中，水田才是"田"范畴最佳的原型样本，也只有水田才可以直接用"田"字来进行指称。其余类型的农田均属于"田"范畴中比较边缘的样本，人们应该强调其各自特征，而不能直接称之为"田"。因此在日本汉字中，造字者为火耕之田加上"火"旁，形成专门表示火田的"畑"字；山田因缺少"水"这一必要的元素，因此加上"白"以示与"水田"的区别，形成了"畠"字。"畑"和"畠"成了专门表示"火田"和"山田"的专字。

四、范畴间边界的模糊性催生部分专字

原型范畴理论的观点认为，认知范畴的边界是模糊的，相邻范畴并不由明确的边界分开，而是互相交融渗透的。这种观点使我们从传统的经典范畴理论观点中解放出来。如果我们按照传统的经典范畴理论的观点认为范畴的边界是清晰的，在处理位于范畴边界的边缘成员的时候就会出现难以逾越的困难。著名的麦克斯·布莱克"椅子博物馆"就是一个典型的例子（一系列质地差别极不明显的"椅子"列成长列，一端可能是一把典型的椅子，而另一端则可能只是一小块没有明显特征的木头，我们会发现要在椅子和非椅子之间划出一条界线几乎是不可能的）。[②] 难以准确划分出界线的

---

① 刘肇祎.中国水利百科全书·灌溉与排水分册[M].北京:中国水利水电出版社,2004.

② （德）弗里德里希·温格瑞尔,汉斯–尤格·施密特.认知语言学导论[M].彭利贞,许国萍,赵微,译.上海:复旦大学出版社,2009.

范畴在现实生活中还有很多，如"山"和"山脉"的边界、"长发"和"短发"的边界等等。

在语言中，范畴一般是以词的形式来表现的。具体到汉语特别是古汉语，范畴更多的表现形式就是单个字。因此，汉字在遇到范畴边界的模糊性问题时同样会非常棘手。当所要表示的概念正好处在几个范畴的模糊性边界时，究竟选用哪一个字来表示，是件令人头疼的事情。这个时候通常的处理方式是通过更多的文字来进行说明，但有时也被书写者直接处理成专字的形式。

试看以下几个例子：

【魖】

"魖"字见于华岳碑，收于《说文》。段玉裁注释道："魖，神也。当作神鬼也。神鬼者，鬼之神者也。故字从鬼申。"《山海经·中山经》上写道："南望墠渚，禹父之所化，是多仆累、蒲卢，魖武罗司之……"[1] 神和鬼是中国的两个传统概念。《礼记·乐记》"幽则有鬼神"，郑玄曰："圣人之精气谓之神，贤知之精气谓之鬼。"[2] 可见神和鬼乃是幽冥之物，为人之精气所化，但等第有差异。而所谓"魖"者，就是介于神鬼之间的精灵，从原型范畴

---

① （西汉）刘向,刘歆.中国古典文化大系·山海经译注[M].上海:上海三联书店,2014:181.

② 中国孔子基金会传统文化教育分会,山东省国立传统文化教育中心.礼记[M].北京:中华书局,2016.

的角度看，就是一个处于"鬼"范畴和"神"范畴边缘交界地带的成员。而之所以有这样的概念存在，正是因为范畴的边界存在着模糊性，我们无法断然地切出一条线。范畴上的模糊性反映到具体文段的撰写，就体现为究竟选用"神"字还是"鬼"字的矛盾。书写者几经权衡，最终天才性地创造出了这个既能表示其"鬼"的性质，又能够强调其"神性"的"魖"。

【懿】

"懿"字见于大克鼎，字形作"懿"。"懿"字所在的文句是西周《大克鼎》上的"天子明懿，显孝于申（神）……"显然是在赞扬周天子的品德和智慧。而文段中述及先祖功绩的时候，也明确提到了关于"哲"（智）和"德"的内容。熟悉中国文化的人都知道，在中国的古代哲学中，德与智是一对关系极其密切的范畴。在儒家的思想当中，德与智是互相依存、互为前提的一对概念。德智双修一直是儒家的一种崇高的理想。从这个意义上讲，德与智在古人的思想中是难以严格地区分开来的。用原型范畴的理论说，"智"与"德"是相邻的两个范畴，二者之间并没有明晰的界限。而大克鼎中的这个"懿"字，从字形来看，显然兼有"智"和"德"的属性，表示的是"德智兼备"的专义，处于"智"和"德"两个范畴的模糊边界。

五、行为范畴和物体范畴的相互依赖性催生了一批专字

范畴之间不是相互静止和孤立的，在人们的认知过程中，行为和物体的基本层次范畴之间存在着很强的认知相互依赖性。例如，我们在认知"吃"范畴的时候，必然会涉及一系列基本的物体范畴，即吃的对象，如"三明治""苹果""面包"等等。同样，我们在认知与食物相关的范畴的时候，也离不开诸如"吃""喝"这样的基本动作范畴。不仅如此，动作和物体范畴之间的关系还不仅仅是认知过程中的相互借用和渗透，它们也能作为基本的要素共同合成一系列基本的认知范畴，即事件范畴。

任何一个事件范畴，无论内容多么简单，都一定要涉及一定数量的动作和物体范畴。也就是说，动作范畴和物体范畴的相互依赖性是事件范畴得以成立的标准。例如，事件范畴"看电视"至少要包含一个动作范畴"看"和一个物体范畴"电视"；事件范畴"洗澡"，至少要包含一个动作范畴"洗"以及若干的物体范畴，如"水""香波""人"等等。这种动作范畴和物体范畴的组合在现代汉语中无非就是催生了一批动宾结构的词或短语，就如"看电视"或"洗澡"等。而在单音词为主的古代，问题就变得非常棘手——一个字如何有效地表达一个事件范畴？于是社会上就产生了一批用于表示某一事件范畴的专字。

试看以下几个例子：

【亡贝】

"亡贝"字见于《郭店简·老甲·三六》，是一个在"亡"的字形基础上添加表示财物的"贝"形成的专字。

"亡贝"字在郭店简的《老子》甲篇中共出现两次，分别位于一段话的上下文中。第一句话是"持与亡贝（亡）执病"，第二句话是"厚藏必多亡贝（亡）"。从上下文文句来看，"亡"用的是"丢失"义，其具体对象是"货"，也就是财物。因此书写者在表示"丢失"义的"亡"的意义基础上，添加表示财物的"贝"，从而让它形成专表"丢失财物"的专字"亡贝"。

这一段文字所讨论的"亡"（丢失）不是一个单纯的动作，而是一个关于"丢失财物"的具体事件。很明显，这样一个事件范畴，不是简单一个"亡"字能够表示出来的，而在动作范畴"亡"之后添加具体的物体范畴"货"组成"亡货"这样的动宾短语又不符合古人简洁的语用习惯。因而，要解决这种表意上的困境唯有两条路：其一，利用上下文的语境来补充说明；其二，在"亡"字上做文章。很显然，当时的书写者选择了第二条路。

书写者在表示动作范畴的"亡"的字形基础上又添加了一个表示物体范畴的"贝"字，让它形成了一个足以完整表示整个事件范畴的"亡贝"，利用另造专字的方法解决了这个难题。

【畚】

"畚"字出于上博简（上二·子·二），所在文句为"畚于童土之田"。马承源先生经过考释，将"畚"字释为"至也"，这是正确的。[①] 从简文内容看，所讲的是"舜至于童土"的事情。《庄子·徐无鬼》记载："尧闻舜之贤，举之童土之地。曰：'冀得其来之泽'。"陆德明曰："童土，地无草木也。"尧举舜至于童土之地，是为了开荒造田，故而简文作"童土之田"。正因为舜所至之处为"童土之田"，所以书写者在"来"的下面加上了"田"，从而让它形成了一个专表"来田"的专字。

通过上面的分析，我们可以知道，"畚"表示的不是一个简单的动作范畴"来"，而是表示一个事件范畴"来田（童土之田）"。因此书写者为了完整地表示这个事件范畴，才在原来表示"到来"动作的"来"字上临时性地添加了表示处所的"田"，从而让它形成了一个专字。

六、结论

通过上面的分析，我们可以看到，原型范畴理论能够给一大部分专字的生成机制能够提供一个更加合理的解释。在传统的研究中，我们只能指出某个专字是专为某一个专义而造，而对于为什么要为某一个意义而专门造字则难以说出其所以然。利用认知语言学的理论来分析专字，则能够使我

---

① 马承源.上海博物馆藏战国楚竹书（二）[M].上海:上海古籍出版社,2002:181.

们更深入地理解这部分专字的生成机制，了解为什么人们要"强生分别"地为一部分意义专门造字。这对于我们更加透彻地理解文义、了解汉字造字用字的特点均有比较重要的意义。

第二节 汉字专字的语义标记和意图定点功能

对于汉字专字的现象，以往学界一直没有一个很好的解释。对于汉字专字的作用和价值也缺乏足够的认识。我们认为，一些汉字专字具有明显的语义标记和意图定点作用，能够通过改造自身形体来有效地克服概念认知中的"百科全书式"解读以及符号解释中的分岔衍义和无限衍义问题，令语义更加清晰明确，从而使符号信息的传递准确地延伸至信息发出者希望达到的正确节点。

一、标记理论的提出

二十世纪三十年代初，布拉格学派首先创立"标记理论"。这一由音位学家特鲁别茨科依提出的音位学理论经过几十年的发展，已经被广泛运用于语音、语法、语义、语用等诸多语言学领域。

"标记理论"认为，在整个语言系统中，各级语言单位内有一些成分是基本的，其载负的意义是中性的；与之相对应的另外一些成分，则在中性意义基础上加了某些特征意义而获得了某种"标记"，成了"有标记单位"。^① 这种传统的二值对立标记模式强调的是某一领域内成对出现的成员之间的有无标记对比，无标记项目是默认的、一般的、通常的，而有标记的项目是特别的、非一般的。^② 而两者之间的区别特点也由此标记而产生。例如，英文当中 lioness 在语义上比 lion 更具体（前者专指"母狮子"，而后者用作一切狮子的统称）；bitch 比 dog 更具体（前者专指"母狗"，而后者泛指一切狗）等等。

二、专字的语义标记功能

我们发现，部分汉字专字通过在对应的原字符的字形基础上添加或改换部件来实现其体现专义的职能。专字字形中新添改的部件似乎具有明显的"语义标记"功能。

例如，敦煌文献中的"姟"字是"孩"的专字。《广韵》中收有"姟"字，用作古数名，通作"垓"，与这里所说的"姟"字虽然同形，但不是同一个字。"姟"见于《愿文等范本·妹亡日》中的"惟姟子禀乾坤而为质，承山岳已（以）作灵。惠和也，而（如）春花秀林，聪敏也，则秋霜并操"、"嗟姟子八岁之容华，变作九泉之灰；艳比红莲白玉，化^③ 作荒交（郊）之土"等等。从上下文语境以及《愿

---

① 孟华.论高语境词和低语境词[J].青岛海洋大学学报（社会科学版）.1995(1).

② 金立鑫.语言研究方法导论[M].上海:上海外语教育出版社,2006:411.

③ 原字缺,随文义补足。

文等范本·妹亡日》这一题目可以看出，这段文句中所指的
"姟子"特指女童。因此书写者特意将"孩子"之"孩"字
所从之"子"改换成了"女"，让它成为一个专门表示"女
孩子"的专字。

如果"姟"字是专为表示"女孩子"而将"孩子"之
"孩"改换为"姟"，那么所改换的"女"就是一种非常典
型的语义标记。对于使用汉语及汉字的人来说，"孩"字是
无标记的，它作为一个语素，与"子"字结合构成"孩子"
一词，用来表示儿童或未成年人，也可作为父母对子女的爱
称，本身是不限制性别的。而"姟"字则专用于表示"女孩
子"，男性未成年人以及父母的儿子不可以用"姟"字构成
的词来指称。这样看来，将"孩"字的"子"改换成"女"
就是一种非常典型的语义标记。有标记的"姟"字表示的意
义比无标记的"孩"字更具体。

添加了相同的"语义标记"的还有"嫊"字。"嫊"
字被书写者改换"奴仆"之"仆"的"亻"为"女"，成为
专门表示"女性奴仆"的专字。该字见于敦煌文献 S•6836
《叶净能诗》中的"即合永为奴仆，以谢恩私"。文中记录
了常州无锡县令张令之妻被岳神强占、叶净能帮助其将妻子
夺回的故事。文中句"即合永为奴仆，以谢恩私"即是张令
及妻子拜谢叶净能时所说的话。因为上下文围绕的主题是叶
净能搭救张令之妻一事，因此句中之"奴仆"有偏指女性的
意味。所以书写者通过改易让它形成"嫊"字。"嫊"字所
从之"女"也同样是一个典型的语义标记，加上这一标记的

"僕"字所表示的意义比无标记的"仆"更加具体。

对于专门表示"凶兆"的专字"殍"，书写者通过将表示"吉凶的征兆"的"祥"所从之"示"改换成"歹"来实现其"语义标记"的功能。"祥"字多表"吉祥"义，但同时也能用来表示"吉凶的征兆"。五代徐锴《说文系传·示部》中的"祥，祥之言详也。天欲降以福，先以吉凶之兆，审详告悟之也"。《左传·僖公十六年》："是何祥也？吉凶焉在？"杜预注："祥，吉凶之先见者"，就是指"吉凶的征兆"。而改换部件后的专字"殍"只能用来表示"凶兆"，不再泛指一切有关吉凶的征兆，更不能用来指"吉兆"。如敦煌文献 S·318《洞渊神咒经·斩鬼品》中的"和喻家亲、太祖、父母、内外犹殍，及祠之者、不应祠之者，悉为分别遣之""持铜戟斩煞耶鬼，收世间一切强殍""内外大鬼，宅中强殍，男女客民，水火金木之所煞害者，各各自约""若有宅中故炁，四面殃殍，一切恶鬼，山林池泽之鬼者，一一收之"等等，均是专指"凶兆"。在这个例子中，所改换的部件"歹"就起到了"语义标记"的作用，添加了这一标记的字在意义上更加具体、特别，具有专指性。

标记理论一开始是作为音位学的理论被提出的，主要研究"一对音位对立中其中一个成分的特点是具有标记而另一个成分则没有这种标记"。[1] 早期的标记理论强调绝对的二

---

① 　　N.S. Trubetzkoy.PRINCIPLES OF PHONOLOGY.Translated by Christiane　A.M. Baltaxe.Berkeley and Los Angeles.University of California Press（Berkeley and Los Angeles）.1969.p.67.

分模式，即某一语言成分要么为有标记，要么为无标记。如布拉格学派认为，在两个对立的语言成分中具有某一（区别性）特征的成分是有标记的，缺少某一（区别性）特征的成分是无标记的。我们所举的两个字例"姟"和"㜜"正好符合这种绝对的二分模式，即："姟"与"孩"相对、"㜜"与"仆"相对。

随着标记理论的逐渐发展，特别是这种理论被运用到语义学、语法学的研究当中，这种强调二值对立的标记模式逐渐变得更加多元化。沈家煊先生是国内最早对标记理论进行改进推广的学者之一，他在《不对称与标记论》一书中正式提出"新的标记理论"，在"汲取国外学者传统二值对立标记模式的基础上将其改造成为多分的相对标记模式"。[①]"新标记理论"体系中有关"标记模式"和"典型范畴"的探索，给我们的专字研究提供了一种全新的视角。

沈家煊先生认为，人类建立的范畴大多是典型范畴，它的内部成员的地位是不平等的，有核心和边缘之分。一个范畴的核心成员（也叫典型成员）通常也就是这个范畴的无标记项。也就是说，标记总是出现在某一范畴中最边缘、最非典型的成员身上。关于这个问题，我们在"汉字专字问题原型范畴理论阐释"一节中也做过类似的分析，我们在文中所举的专门表示"玉门"的专字"閖"以及日本汉字中专为表

---

① 金立鑫.语言研究方法导论[M].上海:上海外语教育出版社,2007:411.

示"火田"和"山田"而造的专字"畑"和"畠"正好可以印证这种说法。

这些专字所指称的对象都是各自范畴当中的"非典型成员"。而从造字手段上看，这些专字都是通过在对应原字符的字形基础上添改部件的方式来体现专义。它们所添改的部件，实际上就起到一种"标记"的功能。

再如，战国时期的专字"㜸"字，是专为表示"妾之子"而造的专字。古代嫡出和庶出之子迥然有别，如果从沈家煊先生的观点出发，"妾之子"在"儿子"的范畴中无疑属于最边缘、最非典型的成员。从这个意义上看，专字"㜸"字在原字符"子"上增添的"妾"符，实际上就是一种"标记"，起到标记范畴内边缘成员的作用。

汉魏六朝碑刻中的"珀"字是专门表示"白玉之白"的专字、"疒"字是专门表示"病床"的专字。这些专字所指称的概念，在各自的范畴中也均属于比较特殊、边缘的成员。因此书写者分别增添了"玉"符和"广"符来作为标记。

从上举字例来看，在此类专字上添改的部件具有"语义标记"的性质，这种性质使专字在语义上与无标记的原字符区别开来。看到专字的这一层意义，对汉字字用学、汉语形态学的阐释应该是有一定启示的。

三、意图定点理论简述

"意图定点"是赵毅衡先生提出的一个符号学概念。英文中与之对应的概念"intended interpretation"在国外学术界虽然时常被提及，但更多的是用于探究如何实现信息传达者预期实现的表达效果，并不涉及符号学层面的讨论。赵毅衡先生是最早在符号学框架下使用这个概念的学者之一。

所谓"意图定点"，用赵毅衡先生的话说，就是"符号发出者意图中希望解释者获得的意义的那个具体点"。这一概念具有相当的方法论意义，可以说是基于皮尔斯"无限衍义"的符号学思想以及认知语言学"百科全书式"的语义观而提出的一种符号表达方法。

认知语言学的一种观点认为，语义结构从本质上讲是百科全书式的（与"意义就是词典上列出的义项"相对）。[①]语言知识和非语言知识没有明确的划分界线，它们都是人们在实际生活中与客观世界进行互动体验而形成的知识。萨义德（Saeed，1997）认为："语义学研究中最大的挑战之一就是区分'语言知识'和'百科知识'。各类词典在定义词的意义时往往也会因为读者对象的不同而包括不同的信息。"[②]听话人在理解说话人的意思时几乎不可能准确无误地全盘接受，他会受自己的百科知识以及主观意识的影响，对信息的意义产生自己的理解。这就是所谓的"言者无心，听者有意"。如何让信息接收者看似不可控制的"百科全书"式理解准确地停留在某一个能够令信息传递者满意的节点，这就

---

① 李福印.认知语言学概论[M].北京:北京大学出版社,2011:79.

② 束定芳.什么是语义学[M].上海:上海外语教育出版社,2014:138.

是"意图定点"理论所要解决的问题。

从符号学的角度来看，"意图定点"的需求是由符号"无限衍义"的特点决定的。皮尔斯的符号学理论认为，符号不是简单的能指所指二分形式，而是三分的。在符号能指和符号所指之外还存在着一个"符号解释"。符号能指虽然指向符号所指，但绝不是简单而准确无误的一一对应关系。一个符号讯息传递出去之后，信息接受者会对这一符号产生属于他自己的解释。只有这个解释与信息发出者的初衷一致，符号才能够准确地指向所指。如果解释出现偏差，那么新的解释就会产生新的符号，指向新的所指（因为新的符号解释同样必须以新的符号作为载体）。这种偏差会不断出现，也就不断形成新的符号解释和新的符号。皮尔斯这样定义此种现象："解释项变成一个新的符号，以至于无穷，符号就是我们为了了解别的东西才了解的东西。"①

皮尔斯的"无限衍义"与认知语言学"语义结构是百科全书式的"的观点其实有其内在的一致性，都强调了符号信息传递过程中信息量不对称的问题。"百科全书式的语义观"关注的是特定信息接受者对符号信息的个性化、演绎式的新解释，而"无限衍义"的观点则看到了这种"百科全书式解读"现象在动态的符号传播过程中的无尽延续。

针对这种无休止且不可控的符号解读和再造，如何让

---

① 　Charles Sanders Peirce.Collected Papers.Cambridge Mass.Harvard Univ Press.1931-1958.vol2.p304.赵毅衡.文学符号学[M].台北:新锐文创（秀威信息）. 2012:126-140.

信息接收者的理解适当地延伸并最终停止在一个令信息传递者满意的节点，既避免意义丢失，又杜绝过度解读，这是作为"符号动物"的人类不得不仔细琢磨的问题。因此，虽然"意图定点"这一概念的提出和使用时日不长，但有关这个问题的思考恐怕早已经贯穿人类发展史的始终。

四、专字的意图定点功能

"意图定点"是符号信息传递的一个理想状态点。想要使符号信息的表达准确到达这个理想定点，从符号的制作到传播都需要一定的巧思。这在作家、艺术家的艺术创作中已经得到充分的体现。但艺术创作的过程往往是一整串符号的创造和组合，因此体现的是"符号文本"①的"意图定点"。事实上，单个符号的创造和使用同样存在"意图定点"的问题。如何使信息接收者对单个符号的理解准确地停留在正确的节点，是符号表达过程中必须解决的基本问题。

我们把目光聚焦到语言文字符号中来。口语当中的符号比较容易通过适当的"改造"来保证符号信息的传递准确无误。如表示肯定的"是"可以通过语调的改变来控制信息传递的"意图定点"。短促而有力的"是"可以使信息接收者的理解准确地停留在"说话者毫无迟疑地表示同意或赞成"这一点上；而适当地拖长声音或抬升语调则使得同样的符号充满迟疑和犹豫的意味。信息的接收者很可能因为这一改变而将这一符号理解为"说话者对某个命令或意见充满怀

---

① 符号文本:是指多个符号的组合。

疑"，从而可能引发关于该命令或意见正确性的思考。如果这种理解符合说话人拖长声音或抬升语调的目的，那符号解释就准确地落在了说话者预先设置的"意图定点"。

语音符号可以通过这种适当的调整来预设信息接收者的"意图定点"，书面符号则难以进行调整。一个书面符号一旦固定下来，就很难随意改变。对于表音文字体系而言，通过改变字符来实现"意图定点"的调整几乎是不可能的。即便是对于表意的汉字而言，这种功能的实现也是困难的。这是因为文字符号具有相对稳固的"物质铭刻性"（孟华：2008），它的变化必然滞后于表意的实际需要。但这种现象并不是绝对的。在我们收集整理的汉字专字当中，有部分专字通过调整自身的形体，在一定程度上实现了这种预设"意图定点"的功能。

文字史上著名的"武周改字"催生了一大批含有深远政治寓意的专字，如"恖""埊""壐"等等。这批专门创造的新字从字形上看，就具有十分明显的"意图定点"功能，能够通过其特殊的构造引导阅读者的思维，决定阅读者的理解方向和解读停止的准确节点。

例如，武周时期用"恖"字取代"臣"字来表示"臣下"的意义。"臣"字《说文》释为"牵也，事君也。象屈服之形。"具有古文字知识的人都知道，甲骨文金文中的"臣"象竖目之形。郭沫若认为："人首俯则目竖"，所以像"屈服之形"。从"臣"字所表示词条的义项看，它既用作动词，也用作名词，用作动词时表示以下几层意思：1. 尽臣的本分，如《论语·颜渊》中的"君君，臣臣，父父，子子"；2. 役使，统属，如《左传·昭公七年》中的"故王臣公，公臣大夫，大夫臣士，士臣皂，皂臣舆，舆臣隶，隶臣僚，僚臣仆，仆臣台"；3. 认罪，如《新唐书害·狄仁杰传》中的"讯反者一问即臣，听减死"。用作名词时则表示以下几种意思：1. 战俘，如《说文》中的"臣，牵也"；2. 奴仆，《书·费誓》中的"臣妾逋逃"，孔传："役人贱者，男曰臣，女曰妾"；3. 国君所统属的众民，如《诗·小雅·北山》中的"率土之滨，莫非王臣"；4. 君主制时的官吏，如《左传·襄公九年》中的"君明臣忠，上让下竞"；5. 古人自称，可用于对君、对父以及对一般人表示自谦；6. 泛指物的配属，如《礼记·乐记》中的"宫为君，商为臣"。

　　"臣"字所表示的义项如此众多，每一个义项都指向不同的理解路径。也就是说，"臣"字作为符号被传递出去，产生的解释项将会呈辐射状地无限蔓延。解释为"尽臣的本分"和解释为"役使、统属"可能延伸出截然相反的解释路径，表示"奴仆"和用为"古人自称"的所指对象也截然不同。虽然具体的语境能够限制信息接受者的理解路径毫无约束地向任意方向延伸，但分岔衍义的情况依然无法完全避免[①]。同样的，同一条理解路径的延伸深度也无法被有效控制。这个时候"意图定点"的重要性就充分体现出来了。

---

　　①　文章衍义：指对同一个符号的解释向多方向衍生。

武周改字形成的专字"恖"采用了"拼字"的方法来实现"意图定点"的功能。"恖"字由"一""忠"二字拼合而成。"一"代表"从一而终、矢志不渝";"忠"是对臣下职责和义务的最高要求:对君主要绝对忠诚、永不背叛,处理政务要忠于职守、不玩忽懈怠。做到了这几点,才能够被称为"臣"。通过这种组合会意的方法,造字者顺利地将阅读者的思维引向了"忠臣"的方向,并产生关于"忠臣"标准的讨论和思考,将"臣"字符号解释的停止点准确地设置在了"从一而终、竭尽忠节"的节点上。

"埊""壐"二字是武则天创造出来取代"证""圣"二字的新字。因为"证""圣"二字组合在一起即武则天的年号"证圣",因此这两个字在武周一朝显得比较特殊。为了体现深远的政治寓意,武则天对"证""圣"二字进行了彻底的改造。改换后的新字成功通过"组合会意"的方式引导阅读者的理解路径,使阅读者的符号解读准确落在了造字者的"意图定点"上。

"埊"字可以看作由四个部分组成,分别为"永""主""人""王",寓意武则天能够长久地统治天下,帝业永祚。"壐"字则由"长""正"("𤓳"即"正"字,同样是武周时期改易的新字)、"主"三部分组成,也同样寓意武则天能够成为天下永远的"正主"。应该说,仅凭未改字之前的"证""圣"二字,阅读者的解读无论如何也无法达到"帝业永祚、永为天下正主"这一层。改字者先是预设了这一"意图定点",并通过组合会意的方式形成新的文字符号,成功地将阅读者的符号解释延伸到这个定点,确有其高妙之处。

如果说前面所举的"恖""埶""璧"三字是通过字形引导了阅读者的解读路径,并适当地延伸阅读者的符号解释至预设的"意图定点",那下面所举的专字则是通过字形限制了符号解释的无限延伸,使之准确地停留在预设的定点,避免产生误读。

曾侯乙钟铭文中有一系列专门为表示音律名而造的专字,如"歸""龤""穆"等等。典籍当中多写作"歸""變""穆"。以上专字是在"歸""變""穆"的字形基础上添加了表示音乐的"音"。这样做是有其特殊用意的。作为当时的乐师,理解诸如"加归""变商""穆钟"等音律术语并非难事,但作为千百年后的人,理解这些文字就比较困难。如果像传世典籍那样写作"歸""變""穆",那么曾侯乙钟铭文之所谓"大族之加归""文王之变商""穆音羽角"等字句在非专业人士看来,不知会得出什么样的解释。毕竟对古代音律一无所知的人完全无法排除"歸""變""穆"等字本来表示义项的影响。我们虽不曾对这一问题做过专门的调查统计,但觉得从这些古老的字句得出五花八门、匪夷所思的"百科全书式"阐释是不难想见的。而添加上部件"音",则有效地规避了对于"歸""變""穆"等字的"分岔衍义"和"无限衍义"，将其意义严格地限制在了与音乐相关的范围之内。上述专字这种阻止符号信息接收者进行"百科全书式"解读的作用，也是一种"意图定点"功能。

文字作为一种特殊的符号，其形体一经固定，在一定的历史周期内不容易发生太大的改变。因为文字无法根据具体语境做出相应的调整以避免各种误解的发生，因此在符号解释过程中发生分岔衍义和无限衍义的情况特别严重。而汉字专字通过改易字形的方式引导信息接收者的符号解释，或是推动其向更深更广的维度发展，或限制其过度延伸，这点成功实现了"意图定点"的功能。

五、结论

汉语是一种"高语境"的诗性语言，人们的语言文字交流极大程度上依赖于语言环境。而汉字作为特殊的表意符号，其形体一经固定，在一定的历史周期内不容易发生太大的改变。稳固不变的字形意味着汉字的形体变化总是滞后于语言，也必然无法完全地贴合语境。加之人们认知事物时，"百科全书式"的解读方法以及处理符号信息时极易出现的无限衍义、分岔衍义的倾向，使得我们在脱离语境的情况下解读汉字文本特别是年深日久的古代文字时存在着一定的困难。汉字专字的这种"语义标记"和"意图定点"作用，不失为克服这种困难的一种方法。

以往我们在面对这一类专字的时候，往往没有认识到这些字改换字形的特殊用意和实用效果，简单地以异体字、俗字甚至是错别字视之，这是不正确的。充分认识到汉字专字在弥补高语境语言表意模糊的缺陷中的重要作用，或许会给汉字字用研究开辟一条新的路子。

附　录　各时期专字例字表

字头	字形	专字所在文句	专字出处	专字所表示意义
删		丝删車用	后上二四·二	祭祀之册
祔		戊戌王蒿⋯⋯文王丁祔⋯⋯王来征⋯⋯	合集 36534	升祭
牢		乙丑卜，先乎冢⋯⋯至二牢。		牛做祭品
宰		丙戌卜，扶，牢兄丁。	合集 19907	羊做祭品
家		贞我家旧老臣亡我。	合集 03522	豕做祭品
羘		丙午卜，扶，屮大丁羘用。	合集 19817	公羊
匕		贞虫匕王⋯⋯	合集 18218	雌鸟

虓		贞王□其虓	合集 17224	雌虎
麌		麌……王□曰：其屮……	合集 08233	雄鹿
戋		贞王往□戋至于□	合集 17230	兵灾
灾		……灾……五	合集 18741	火灾
巛		其田遘麋，王其射亡巛	合集 28360	水灾
嫜		妇嫜	殷契拾掇一·549	女字
娍		妇娍	合集 22507	女字
媚		妇媚	阴虚文字乙编 2255	女字
軎		戊辰卜，軎，允□贝，今生……	合集 21622	车轴
□		甲午王往逐兕，小臣□马硪王□□，子央亦坠。	合集 10405	车厢

238

矞		壬午王田于麦麓只矞戠咒，王易宰丰	合补 11299 反	商星
潏		癸亥卜，在潏贞，王旬亡畎	合集 36851	地名
夒		辛巳贞王夒上甲即于河	屯 1116	王亥
覒		子又（有）求，曰：□覒	花 286	捕获犀牛
瞿		贞旨弗其弋瞿	合集 00880	捕获鸟
罘		壬申卜，【贞】令戋罘印甶	合集 04761	捕获豕
冤		贞夨率氏冤ㄅ	合集 00095	捕获兔
麗		丁……麗	合集 20725	捕获虎
羈		辛卯卜，殻，贞隹羈乎竹敊【？】	合集 01108	捕获凶
坒		□□卜，叶，坒……【涉】……	合集 21412	掘地掩埋祭祀用牛

卣		辛卯卜，贞…… 卣……	合集 15551	掘地掩埋祭祀用羊
凼		丙……凼。	合集 21257	掘地掩埋祭祀用狗
凷		陷于河二凷	合集 14610	掘地掩埋祭祀用牛
圐		贞我其圐宰。	合集 10656	掘地掩埋祭祀用麋
圙		王自东圙伐戎 圙于帚好立。	合集 06480	掘地掩埋祭祀用鹿
㓼		……㓼……其每	合集 18428	刈草
秾		贞今㓼不秾	合集 9560	刈禾
徝		贞王徝土口	藏 一九二三	征伐
栽		庚寅卜，贞重 丁酉酒栽	合集 32268	伐羌
畱		又涉三羌其畱	合集 19756	得羌
褙		使知社褙之任	中山王䁎鼎	五谷之神

曓		王在周眜曓	免簋	"眜爽"之"爽"
鈶		以乍铸鈶	栾书缶	铜制缶
鈑		乍兹宝盘	鮛公盘	铜制的盘
陇		越王勾践	越王勾践剑	表示国名"越"
郛		郛	郛戈	大梁
旝		用旝眉寿多福	伯公父簠	祈求
靭		床麿峕夫邻試靭之	十四茉帐橛	刻勒
戠		鹅陵君王子申攸丝戠鈇盉	鹅陵君王子申豆	强调了制作的对象（戈）
鋯		曹公子池之鋯戈	曹公子池戈	强调了制作的材料（铜）
戗		冶尹启戗	卅三年郑令剑	强调了制作的动作
輆		右輆车器	虎簋盖	驭车

241

罙		罙猎勿后	林氏壶	弋猎
韹		中（终）翰且韹	徐王子旃钟	形容音乐的声音持续绵长
鍠		其音鍠鍠，闻于四方	徐王子旃钟	形容音乐的声音持续绵长
壽		1. 是用寿考 2. 王姜赐不寿裘	1. 毛公旅方鼎 2. 不寿簋	长寿
玟		玟王受天有	大盂鼎	彰显文王、武王的尊崇
珷		延珷禣自蒿	德方鼎	彰显文王、武王的尊崇
龓		余函龓猷屖	王孙遗者钟	人们对"龙"作为百兽之王的崇敬赞美之情
鐈		大族之加鐈	曾侯乙钟	表示"音律名"或与音律相关意义
韺		文王之韺商	曾侯乙钟	表示"音律名"或与音律相关意义

242

謰		謰音羽角	曾侯乙钟	表示"音律名"或与音律相关意义
枭		1. 塱祷宫枭" 2. "利以祭门枭" （九·五六·二八）	1. 包　二· 二一〇 2. 九·　五 六·　二 八	路神
宗		□祭宗甲戌	望 一·一三七	掌管马廐的"廐神"
寞		祭寞	望 一·一三九	灶神
絹		綎布之絹二堨	仰 二五·一一	纺织品材质的帽子
鞈		二紫韦之鞈	包 二·二五九	皮革材质的帽子
鈝		二十鈝	包 山·二七七	金属材质箭矢
戟		1. 戟 2. 翟戟	1. 陶汇三· 一一六一 2. 望山二· 八	战车

肇		乘肇驷	随县·一六五	田猎
孖		孖	侯马盟书·三五：六	庶出之子
頮		其豊（体）又（有）容又（有）頮	郭·语一·四七	人的脸色
鍒		貣邯异之一金一百益四两	包二·一一五	黄金色彩
旵		呑坿旵月	陶汇三·六五八	月份之"一"
郱		齐之以礼	郭·缁·二四	专表地名
鬵		武王素甲以申于鬵蒿（郊）	上二·容·五三正	殷地
辻		辻江	鄂君启节	溯流而上
畨		畨於童土之田	上二·子·三	来田
貟		身与货篙（孰）多？貲与貟（亡）篙（孰）疠（病）？	郭·老甲·三六	丢失财物

賆	（图）	身与货篙（孰）多？賆与贡（亡）篙（孰）疠（病）？	郭・老甲・三六	持有财物
婦	（图）	1. 月寀旦法之无以婦之 2. 舍月寀之赊人□□婦客之□金十两又一两	1. 包二・一四五 2. 包二・一四五反	归还财物
戢	（图）	而戢其兵	上二・容・二	止战休兵
閟	（图）	閟于大门一白犬	包山楚简	杀伐
駁	（图）	駁□俶鈇	玺汇・三七○五	马互相追赶
騔	（图）	吾车既好，我马既騔	石鼓文・车工	马肥壮美好
驕	（图）	驕驕马荐	石鼓文・马荐篇	马队整齐雄美威仪
鍊	（图）	祭器鍊	陈侯午鍊錞	青铜器形制丰腴
䶵	（图）	割犇之䶵	曾侯乙鼎	表示音乐

驷		1. 新官人之驷 2. 外新官人之驷	1. 曾一四五 2. 曾一四二	四马一乘
骖		斱牧之骐为右骖	曾一四五	驾三马
駥		新官人之駥	曾一七一	特定数量马匹组合
輮		1. 甬车一輮 2. 六輮	1. 天星二六七 2. 天星一四八	四匹马拉的一辆车
凨		参（三）凨斱甲	曾一二九	马匹
戥		庶戥	者汈	会盟
轈		亡有轈息	中山王壶	商人发明牛车
嶣		嶥峇自峻，犹削嶣之居众埠	北魏·元昭墓志	高山般险峻的城池

痳		正月上旬，被病在痳	东汉·许卒史安国祠堂碑	病床
嵿		披衿接九贤，合盖高嵿极	北魏·论经书诗	山顶
峒		敢竭周身之物，采石首阳之峒	北周·李元海造像记	山阿
鉀		所获铠鉀一万余领，军资器械，不可胜数	高勾丽好太王碑	铠甲
崼		1. 于是崼岭潜（下阙）实相凝然 2. 四挟灵崼之显，西据王舍之阳	1. 北魏·论经书诗 2. 宋显伯等四十余人造像记	灵崼山
楧		昂藏独秀，若楧楎之在中皋	北魏·元昭墓志	表示传说中长寿的树
楎		昂藏独秀，若楧楎之在中皋	北魏·元昭墓志	表示传说中长寿的树
姤		伏愿皇帝、圣姤，□□害□下	北魏·郭法洛等造像记	皇后

砮		彭濮肃慎，织皮卞服之夷，楛矢石砮，齿革大龟之献，莫不和会王庭，屈膝纳赟	西晋·临辟雍碑	石箭
溺		资贤辅圣，建业弱水之阳	北魏·山徽墓志	弱水
蟊		使螽蟊重作	北魏·元恪嫔司马显姿墓志	螽蟊
樤		瑶基霜晓，芳樤露谧	北魏·元诱妻冯氏墓志	树木枝条
俅		应图踵俅，声休素牒	北魏·染华墓志	步武
猦		魏故并州刺史、司隶校尉、屯留令毕轨之玄猦	北齐·毕文造像记	男息
垗		垗参龟筮，礼补荣哀	北周·尉迟运墓志	葬地
瓎		如彼瓎琭，声价远闻	东魏·王偃墓志	随侯之珠

璲		如彼瓃璲，声价远闻	东魏·王偃墓志	随侯之珠
诲		诲谘俾乂，非公勿许	北齐·天柱山铭	访求
璏		厉以琢磨，切磋成功	北魏·元晔墓志	磨玉
栈		祖欣，执固伐檀，待涟漪如舒锦	北齐·张起墓志	伐木
鞚		少而不鞚，长遂龙骧	北魏·元厥墓志	驭马
攀		攀车结慕	北魏·杜法真墓志	攀车
婨		1. 年十有一婨南阳人、骠骑大将军、大都督张敬恩 2. 年十有六爱婨昭成皇帝之胤散骑常侍内大羽真太尉公使持节车骑大将军冀州刺史比陵王孙，冠军将军徐州刺史永之长子为妻	1. 北周·张满泽妻郝氏墓志 2. 北魏·元氏妻赵光墓志	女字出嫁

歾	歾	1. 死而不歾 2. 高山达节，景慕縈礐，式凭不朽，永播衣巾	1. 朝侯小子残碑 2. 北齐·陇东王感孝颂	人体腐朽
懴	懴	王有容仪，善谈谑，怀美尚，懴奇心	北魏·元宝月墓志	怀有
賙	賙	1.（众）兆陪台，蒙賙济之养 2. 轻财重士，好賙能散，邻里待以自资，姻族望而举火	1. 三国魏·受禅表 2. 北齐·齐故大鸿胪卿赵州刺史李君墓志铭	周济
珀	珀	唯大魏武定元年，十二月二日，万善寺道乔敬造珀玉观音像一躯	东魏·道乔造像记	白玉之白
懹	懹	嵩山可砺，心愿永懹	北周·张子开造像记	情意浓烈

莪		道德莪蔬	北齐·慧圆、道密等造像记	枝叶繁茂、高低疏密有致
蔬		道德莪蔬	北齐·慧圆、道密等造像记	枝叶繁茂、高低疏密有致
惺		迷子惺悟，方求彼岸	北周·张子开造像记	醒悟
琍		琍山楚表云光塞外	北魏·叔孙协墓志	荆山
琨		1. 琨岭摧芳，瑶池掩翠 2. 瑶摧荆岭，玉碎琨津	1. 北魏·元佑墓志 2. 北魏·穆亮墓志	因为昆仑山产玉而产生思维联想形成的新字
驪		加大长秋卿龙骧将军，委以六宫之事。	张整墓志	
姟		惟姟子禀乾坤而为质，承山岳已（以）作灵。惠和也，而（如）春花秀林，聪敏也，则秋霜并操	P·2044《愿文等范本·妹亡日》	女孩子
鈠		鈠炙疗除	S·5431《开蒙要训》	艾

殡	殡	和喻家亲、太祖、父母、内外犹殡，及祠之者、不应祠之者，悉为分别遣之	S·318《洞渊神咒经·斩鬼品》	凶兆
賷	賷	君不见生来死去，似蚁循环（还）；为衣为食，如蚕作茧。假使有拔山举顶（鼎）之士，终埋在三尺土中；直饶玉提（缇）金绣之徒，未免于一槭灰賷	S·3491《破魔变押座文一）》	繁华富贵所化之"灰烬"
鈬	鈬	是时续有敕曰："赐远公如意数珠曰[①]串，六环锡鈬一条，意（衣）着僧依(衣)数对"，兼将御舆，来迎远公入内	S·2073《庐山远公话》	锡杖

---

① 原字缺,依据黄征先生《敦煌俗字典》补足.黄征:《敦煌俗字典》,上海:上海教育出版社,2005年,第543页.

媒	媒	即合永为奴仆，以谢恩私	S·6836《叶净能诗》	女性奴仆
嵧	嵧	逢庐山即住，便是汝修行之处。	S·2073《庐山远公话》	庐山
閁	閁	閁阒须弥。	S·5584《开蒙要训》	地名专字
坍	坍	崖崩岸坍	《开蒙要训》	土石倒塌
閲	閲	既入聚中窥看，由门户向内（或向外）窥看诸舍都不见人	敦研118《大般涅盘经》卷第二十三	由门户向内（或向外）窥看
憒	憒	闻法信受，随顺不逆	敦研1055-1《妙法莲华经》	内心随顺
嵥	嵥	为是登陟，力尽身浣(完)耶？	S·2832《愿文等范本》	登山
魖	魖	绕吾白鸽旋，恰似鹦鹉鸟。邂逅暂时贫，看我即魖魖。	S·778《王梵志诗》	容颜丑恶

樵	樵	家苗樵旱，虑恐三春狂（枉）力，九秋不登。	S•6315《祈雨文》	草木焦枯
醲	醲	其地具足，丰饶肥醲，过于今日余地。	敦研•276《金光明经》卷第二	酒味浓厚
駷	駷	大王问知，遂遣车匿被駷骠白马。遂遣西门，于（依）前游观。	《敦煌变文集•太子成道经》	马鬃毛之"赤色"
荓	荓	又依功德施荓论云："佛所说法，咸归二谛：一者俗谛，二者真谛"。	敦煌文献P•2173《御注金刚般若波罗蜜经宣演卷上》	菩萨
菝	菝	一切众生，未来之世定得阿耨菩提，是名佛性。	S•6557《南阳和尚问答杂征义》	菩提
荓	荓	须荓深解义趣，涕泪悲泣。	P•2173《御注金刚般若波罗蜜经宣演卷上》	

冊	冊	问"何故经云不断烦恼而入冊？"	S•6557《南阳和尚问答杂征义》	涅槃
𡰪	𡰪	"古之君𡰪者，必时视𡰪之所勤。"	P•2536《春秋谷梁经传集解》	民
丙	丙	秋，七月，丙申，及齐高傒盟于防。	P•2536《春秋谷梁经传集解》	丙
貟	貟	"貟：缓"	S•388《正名要录》	贳
壐	壐	壐壐元年闰二月廿九日，神泉观师泛思庄发心敬写，奉为一切法界苍生同会此福。"	P•2806《太玄真一本际经》卷四	武则天的年号：武则天能够长久地统治天下
壐	壐	壐壐元年闰二月廿九日，神泉观师泛思庄发心敬写，奉为一切法界苍生同会此福。	P•2806《太玄真一本际经》卷四	武则天的年号：武则天能够长久地统治天下
思	思	宫殿思妾，剔除须发	P·2151《妙法莲华经•序品第一》	臣

砼	砼	"砼"	结构学家蔡方荫教授于1953年首创	混凝土
酯	酯	乙酸乙酯	化学专用字	是酸（羧酸或无机含氧酸）与醇起反应生成的一类有机化合物
烃	烃	饱和烃	化学专用字	氢碳化合物
烷	烷	异辛烷	化学专用字	饱和烃
鑵	鑵		陕西传统面食用字	锅盔
灒	灒		陕西著名特色美食用字	油泼辣子
靖	靖		二十四节气创意造字设计欣赏	立春
霂	霂		"二十四节气创意造字设计欣赏"的网页	雨水

蟄	**蟄**	蟄	二十四节气创意造字设计欣赏	惊蛰
旾	**旾**	旾	二十四节气创意造字设计欣赏	春分
蒆	**蒆**	"蒆"直译自英文的 grass roots	百度百科"草根"	草根
欜	**欜**	欜	现代书法作品	禅茶一味
豪	**豪**	豪	网络新词语选编	土豪
嫑	**嫑**	嫑	网络新词语选编	高富帅
殆	**殆**	"殆"成为《通用规范汉字表》三级字表成员	口腔科专用字	咬合
圐	**圐**	圐	网民造字	同意
访	**访**	"访"问题	网民造字	上访

257

炗		中国人"炗"	游戏玩家创造的专字	开火
迈		"迈"返现	商家创造的广告用字	办卡返现
幭		幭	民俗字	一帆风顺
奭		奭	民俗字	生意兴隆
虫		虫二	泰山上的一个摩崖石刻	形容当地的风光秀丽，美不胜收
二		虫二	泰山上的一个摩崖石刻	形容当地的风光秀丽，美不胜收
虫		虫二	杭州西湖边上的"无边风月亭"	形容当地的风光秀丽，美不胜收
在		风流宛在	苏扬州大明寺的平山堂正堂左边的匾额	追忆往事、警醒后人的特殊寓意
流		风流宛在	苏扬州大明寺的平山堂正堂左边的匾额	追忆往事、警醒后人的特殊寓意

258

猫		"猫"到了	民俗字	"福到了"
Y	Y	"人"到了	民俗字	"人找到（倒）了"
遍	遍	遍遍面	陕西美食用字	陕西关中传统风味面食
麂	麂	麂	广告事件造字	成龙洗发水广告事
麂	麂	麂	广告事件造字	成龙洗发水广告事
塞	塞	塞	广告事件造字	成龙洗发水广告事
养	养	养焱	2013年两会造字	隐喻养老金双轨制所带来的不公平待遇
焱	焱	养焱	2013年两会造字	面对退休养老问题时人们的焦急心态
费	费	费	2013年两会造字	收费问题
糖	糖	糖	西安交大的学生造字	糖葫芦西施

259

参考文献

［1］曹锦炎.商周金文选［M］.杭州:西泠印社出版社, 2011.

［2］陈斯鹏.楚系简帛中字形与音义关系研究［M］.北京: 中国社会科学出版社, 2011

［3］陈伟武.愈愚斋磨牙集［M］.上海:中西书局. 2014.

［4］陈伟武.简帛兵学文献探论［M］,广州:中山大学出版社, 1999.

［5］陈炜湛、唐钰明.古文字学纲要［M］.广州:中山大学出版社, 1988.

［6］董琨.郭店楚简《老子》异文的语法学考察［J］.中国语文, 2001.

［7］董莲池.新金文编［M］.北京:作家出版社, 2011.

［8］窦怀永.敦煌文献避讳字研究［D］.杭州:浙江大学, 2007.

［9］段玉裁.说文解字注［M］.上海:上海古籍出版社, 2009.

［10］高明.高明学术论集［C］.上海:上海古籍出版社, 2013.

[11]高明.中国古文字学通论[M].北京:文物出版社 1987.

[12]何琳仪.战国古文字典[M].北京:中华书局,1998.

[13]胡厚宣.甲骨文合集[M].北京:中华书局,1999.

[14]湖北省荆沙铁路考古队.包山楚简[M].北京:文物出版社,1991.

[15]湖北省文物考古研究所、北京大学中文系.望山楚简[M].北京:中华书局,1995.

[16]黄德宽,陈秉新.汉语文字学史[M].合肥:安徽教育出版社,1990.

[17]黄德宽.古汉字形声结构论考[D].长春:吉林大学文学院,1996.

[18]黄征.敦煌俗字典[M].上海:上海教育出版社.2005.

[19]金国泰.论专字的本质及成因[J].北华大学学报(社会科学版),2003(1).

[20]金立鑫.语言研究方法导论[M].上海:上海外语教育出版社.2006.

[21]荆门市博物馆.郭店楚墓竹简[M].北京:文物出版社,1998.

[22]李福印.认知语言学概论[M].北京:北京大学出版社,2011.

[23]李圃.古文字诂林·第十册[M].上海:上海教育出

版社, 2004.

[24] 李蔚,傅彬.环境艺术装饰材料与构造［M］.北京:北京大学出版社, 2010.

[25] 李孝定.甲骨文字集释［M］."中央研究院"历史语言研究所, 1982.

[26] 李学勤.古文字学初阶［M］.北京:中华书局, 2013.

[27] 李运富,何余华.汉字超语符功能论析［J］//源远流长:汉字国际学术研讨会暨AEARU第三届汉字文化研讨会论文集, 2015.

[28] 李运富.汉字汉语论稿［C］.北京:学苑出版社, 2008.

[29] 李运富.汉字学三平面理论申论［J］.北京师范大学学报(社会科学版), 2016年(3).

[30] 李运富.楚国简帛文字构形系统研究［M］.湖南:岳麓书社, 1997.

[31] 李运富.汉字学新论［M］.北京:北京师范大学出版社, 2012.

[32] 李宗焜.甲骨文字编［M］.北京:中华书局, 2012.

[33] 梁东汉.汉字的结构及其流变［M］.上海:上海教育出版社, 1959.

[34] 列维•布留尔.原始思维［M］.北京:商务印书馆, 1985.

[35] 林义光.文源［M］.上海:中西书局, 2012.

［36］林沄.古文字研究简论［M］.长春:吉林大学出版社,
1986.

［37］林志强.古本《尚书》文字研究［M］.广州:中山大
学出版社, 2009.

［38］林志强.漫议"专字"研究［C］//中国古文字研究会,
吉林大学中国古文字研究中心.古文字研究·第31辑.北京:
中华书局, 2016.

［39］刘琨翔,黄华,王芬等.实用临床口腔医学词汇［M］.
昆明:云南科学技术出版社, 2006.

［40］刘庆柱,段志洪.金文文献集成［M］.香港:香港明
石文化国际出版有限公司, 2004.

［41］刘翔等.商周古文字读本［M］.北京:语文出版社,
1989.

［42］刘信芳.包山楚简解诂［M］.台北:艺文印书馆,
2003.

［43］刘兴林.甲骨文田猎、畜牧及与动物相关字的异体
专用［J］.华夏考古, 1996（4）.

［44］马如森.甲骨金文拓本精选［M］.上海:上海大学出
版社, 2010.

［45］毛远明.汉魏六朝碑刻异体字典［M］.北京:中华书
局, 2014.

［46］毛远明.汉魏六朝碑刻异体字典［M］.北京:中华书
局, 2014.

[47] 毛远明.汉字形旁类化研究 [J].西南师范大学学报（人文社会科学版）. 2006, 32（6）.

[48] 孟华.论高语境词和低语境词 [J].青岛海洋大学学报（社会科学版），1995（1）.

[49] 孟华.文字论 [M].山东:山东教育出版社, 2008.

[50] 庞朴.郢燕书说——郭店楚简中山三器心旁文字试说 [C]//武汉大学中国文化研究院.郭店楚简国际学术研讨会论文集.武汉:湖北人民出版社, 2000.

[51] 彭邦炯,谢济,马季凡.甲骨文合集补编 [M].北京:语文出版社, 1999.

[52] 濮茅左.甲骨文常用字汇 [M].上海:上海书店出版社, 2007.

[53] 裘锡圭,李家浩.曾侯乙墓竹简释文与考释 [J].北京:文物出版社, 1989.

[54] 裘锡圭. 中国出土古文献十讲 [M].上海:复旦大学出版社, 2004.

[55] 裘锡圭.汉字学概要 [M].北京:商务印书馆, 2010.

[56] 裘锡圭.甲骨文字考释 [M]//中国古文字研究会,吉林大学中国古文字研究中心.古文字研究·第四辑.北京:中华书局, 2005.

[57] 裘锡圭.裘锡圭自选集 [M].开封:河南教育出版社, 1994.

[58] 容庚.金文字典 [M].北京:中华书局, 1985.

［59］容庚.金文字典［M］.北京:中华书局, 1985.

［60］容庚.中国文字学［M］.北京:中华书局, 2011.

［61］商承祚.殷契佚存［M］.南京:金陵大学中国文化研究所, 1933.

［62］束定芳.什么是语义学［M］.上海:上海外语教育出版社, 2014.

［63］苏培成.现代汉字学纲要［M］.北京:北京大学出版社, 2001.

［64］苏新春.汉语词义学［M］.北京:外语教学与研究出版社, 2008.

［65］苏新春.汉字的语言性与语言功能［M］.山东:山东教育出版社2014.

［66］孙稚雏.中山王鼎、壶的年代史实及其意义［J］//中国古文字研究会,吉林大学中国古文字研究中心.古文字研究 第1辑.北京:中华书局, 1979.

［67］汤馀惠.战国文字编［M］.福州:福建人民出版社, 2001.

［68］唐兰.中国文字学［M］.北京:开明书店, 1949.

［69］滕壬生.楚系简帛文字编［M］.武汉:湖北教育出版社, 1995.

［70］王辉.古文字通假字典［M］.北京:中华书局, 2008.

［71］王绍新.甲骨刻辞时代的词汇［M］//王绍新:课余丛稿.北京:北京语言文化大学出版, 2000.

[72] 吴郁芳.徒考 [J],江汉考古, 1985年第1期.

[73] 夏大兆.甲骨文字用研究 [D].合肥:安徽大学文学院, 2014.

[74] 徐通锵.历史语言学 [M].北京:商务印书馆, 1991.

[75] 姚孝遂.姚孝遂古文字论集 [M].北京:中华书局, 2010.

[76] 姚孝遂.中国文字学史 [M].长春:吉林出版社, 1990.

[77] 应劭.风俗通义 [M].济南:山东画报出版社, 2004.

[78] 于豪亮.于豪亮文存 [M].北京:中华书局, 1985.

[79] 于省吾.双剑誃殷契骈枝 双剑誃殷契骈枝续编 双剑誃殷契骈枝三编 [M].北京:中华书局, 2009.

[80] 于省吾,姚孝遂.甲骨文字诂林 [M].北京:中华书局, 1996.

[81] 曾宪通,林志强.汉字源流 [M].广州:中山大学出版社2011.

[82] 张桂光.汉字学简论 [M].广州:广东高等教育出版社, 2004.

[83] 张守中.中山王器文字编 [M].北京:人民美术出版社, 2011.

[84] 张为.楚简专字整理和研究 [D].福州:福建师范大学文学院, 2014.

[85] 张为.论"侵"字源流及楚简"戡""威"的专用字

性质[J].龙岩学院学报, 2015（3）.

［86］张涌泉.从语言文字的角度看敦煌文献的价值[M].北京:中国社会科学, 2001.

［87］张涌泉.敦煌文书类化字研究［J］.敦煌研究, 1995（4）.

［88］赵诚.甲骨文字学纲要［M］.北京:商务印书馆, 1993.

［89］中国人民政治协商会议陕西省宝鸡县委员会文史资料研究委员会.陈仓石鼓新探. 1995.

［90］中国社会科学院考古研究所.小屯南地甲骨［M］.北京:中华书局, 1980.

［91］周法高,张日昇.金文诂林［M］.香港:香港中文大学出版社, 1975.

［92］朱芳圃.殷周文字释丛［M］.北京:中华书局. 1962.

［93］全国泰.论文字的源流的整理［J］.北华大学学报（社会科学版）, 2003年第4期.

［94］Charles Sanders Peirce, Collected Papers, Cambridge Mass, Harvard Univ Press, 1931-1958, vol2.

［95］N. S. Trubetzkoy. PRINCIPLES OF PHONOLOGY. Translated by Christiane A. M. Baltaxe. Berkeley and Los Angeles. University of California Press (Berkeley and Los Angeles), 1969.